Wolfram Kautzky

Durchstarten in Latein

Latein
für das 1. Lernjahr

VERITAS
LERNHILFEN

DURCHSTARTEN IN LATEIN, Latein für das 1. Lernjahr

Verfasser: Wolfram Kautzky

Verfasser der Durchstartübungen: Do-Ri Amtmann und Kim da Silva

Diesem Lernhilfebuch ist ein Lösungsheft zu den Übungen beigelegt.

Bibliografische Information Der Deutschen Bibliothek

Die Deutsche Bibliothek verzeichnet diese Publikation in der Deutschen Nationalbibliografie; detaillierte bibliografische Daten sind im Internet über http://dnb.ddb.de abrufbar.

7. Auflage (2005)

Gedruckt in Österreich auf umweltfreundlich hergestelltem Papier.

Lektorat: Klaus Kopinitsch
Herstellung, Layout: Kurt Lackner
Umschlaggestaltung: Bruno Haberzettl
Satz: Vogel Medien GmbH, Bisamberg
Druck, Bindung: Landesverlag Druckservice, Linz

ISBN 3-7058-5155-1

INHALTSVERZEICHNIS

Salve! 5
Decem consilia discendi (10 Lerntipps) 7

DIE VERBA (Zeitwörter) 8–37

Der Präsensstamm 10
Präsens 11
Imperfekt 13
Futur 14
Imperative 16
Zusammenfassung 17
Der aktive Perfektstamm 18

1. Durchstartübung: Powermudra 22

Der passive Perfektstamm 23
Sprichwörtermix 26
Die Partizipia 27
Die Infinitive 30
Unregelmäßige Verba 33
Zusammenfassung zu den Verbalformen 37

2. Durchstartübung: Erdknöpfe und Raumknöpfe 38

Follis rotunda est! – Das Leder ist rund! 39

DIE SUBSTANTIVA (Hauptwörter) 42–60

a-Deklination 44
o-Deklination 45
u- und e-Deklination 48
„Dritte" Deklination 50
Zusammenfassung 57
Errare humanum est! – Irren ist menschlich! 61

3. Durchstartübung: Gehirnknöpfe 62

DIE ADJEKTIVA (Eigenschaftswörter) 63–78

Steigerung 71
Adverbium 76

4. Durchstartübung: Denkmütze 79

DIE PRONOMINA (Fürwörter) 80–105

Interrogativpronomina 81
Hier wird nach Göttern gefragt! 84
Relativpronomina 85
Relativer Anschluss 90

5. Durchstartübung: Zauberpunkt 92

Demonstrativpronomina 93
Die spinnen, die Römer! 95
Personalpronomina 96
Possessivpronomina 102

DIE PRÄPOSITIONEN (Vorwörter) . . 106–108

6. Durchstartübung: Mudra für den gesunden Willen 109

DIE KASUSLEHRE (Fälle) . . 110–118
Genetiv 110
Dativ 112
Akkusativ 113
Vokativ 113
Ablativ 114
Übersicht 115

7. Durchstartübung: Nilpferd 119

STÄDTENAMEN . . 120–123

PARTICIPIUM CONIUNCTUM . . 124–129

NCI . . 130–131

Grammatik ganz ohne Dramatik! 132

8. Durchstartübung: Mudra zum Gehirn einschalten 133

WIE ÜBERSETZE ICH RICHTIG? . . 134–141

Wie gehe ich beim Übersetzen vor? 134
Wie kann ich den Aufbau eines Satzes graphisch darstellen? 136
Die 10 wichtigsten Übersetzungstipps 138

ÜBUNGSTEXTE . . 142–144

9. Durchstartübung: Beckenachten und Armkreisen 145

PROBEKLASSEN(SCHUL)ARBEITEN . . 146–151

LATEIN – KEINE TOTE SPRACHE! . . 152–154

Versetzung gefährdet – was nun? . . 156–157

Rechtlicher Rahmen und Aufgaben der Eltern in Deutschland

Nicht genügend! Was können Eltern dagegen tun? . . 158–161

Pädagogische Aspekte und rechtliche Situation in Österreich

Index vocabulorum (Vokabelverzeichnis) 162
Stichwortverzeichnis 168

SALVE!

Das ist **Constructivus!** Komischer Name, nicht? Aber wenn man sich's genau überlegt – wie sollte ein Spezialist für komplizierte lateinische Konstruktionen denn eigentlich sonst heißen? Constructivus wird in diesem Buch jedenfalls überall dort auftauchen, wo es um die Erklärung eines grammatikalischen Problems geht – und du wirst sehen: Er hat immer eine Menge Tipps und Tricks auf Lager!

Fallweise wird dir aber auch jemand begegnen, der gewissermaßen die schlechtere Hälfte von Constructivus ist: **Destructivus!** Auch für ihn gilt: *nomen est omen!* Diesem faulen Kerl macht das Lateinlernen nämlich weit weniger Spaß, und deswegen wird es schon manchmal vorkommen, dass er einen dummen Kommentar oder eine freche Bemerkung von sich gibt. Aber du wirst sehen: Am Ende des Buches ist auch er schon fast ein Latein-Fan!

So, nach dieser kurzen Vorstellung deiner Begleiter auf den folgenden Seiten wollen wir gleich *medias in res* gehen! Wie arbeitest du mit „Durchstarten in Latein"?

Jedes Kapitel beginnt mit einem **Erklärungsteil**, der es dir ermöglicht, alleine den Stoff zu erarbeiten und niemanden um Rat fragen zu müssen.

„Nota bene" heißt „Aufgepasst!" Dieses Zeichen weist auf besonders wichtige Regeln hin. Manche von ihnen findest du in den Übersetzungstipps (ÜS-Tipps) ab Seite 138 zuammengefasst.

Im Anschluss an die Erklärungen findest du fallweise **Fragen**, die dir helfen sollen, den Stoff noch einmal durchzudenken, aus der Erklärung eine bestimmte Regel abzuleiten oder selbst eine Zusammenfassung zu formulieren.

Hier kannst du den neu durchgenommenen Stoff üben und anwenden. Die meisten **Übungen** sind Lateinisch-Deutsch, einige – nach dem Motto *variatio delectat* – auch Deutsch-Lateinisch.

Eine **Lernpause** solltest du dir nach 30 bis 45 Minuten auf jeden Fall gönnen.

Am Schluss jedes Kapitels kannst du anhand eines **Tests** überprüfen, ob du den Stoff schon so gut beherrschst, dass du nach einer Pause zum nächsten Kapitel weitergehen kannst.

Ein eigener Abschnitt ist der Frage der richtigen **Übersetzungstechnik** gewidmet. Du findest ab Seite 134 viele praxiserprobte Tipps, die dir in Zukunft das (Latein-)Leben leicht machen werden!

Natürlich gibt es auch mehrere **Übersetzungstexte** und **Probeschularbeiten**, an denen du deine neu erworbenen Übersetzungskünste erproben kannst.

Am Ende dieses Buches findest du noch einen **Index**, in dem sämtliche in diesem Buch vorkommenden Wörter aufgelistet sind. Aber wahrscheinlich wirst du dieses Vokabelverzeichnis ja ohnehin nicht brauchen . . .

Das **Lösungsheft** verwendest du zum Vergleichen und Verbessern deiner Antworten und Übersetzungen. Gib auf alle Fälle vor dir selbst zu, was du nicht weißt! Schnell bei den Lösungen nachzuschauen und dann so zu tun, als wäre dir die Antwort gerade eingefallen, bringt nichts. Sich selbst zu beschwindeln, ist absolut unsinnig.

Zuletzt verraten wir dir noch eine andere Möglichkeit, wie du deinen Lernerfolg steigern kannst. Das ganze beruht auf folgender Erkenntnis: Steigere die Energie deines Körpers, und du steigerst deine Leistungsfähigkeit und damit auch deine Lernleistung. Erlaubtes Doping sozusagen!

Das Tolle daran: Du schaffst das mit einfachen Bewegungsübungen. Wir nennen sie **„Durchstartübungen"**. Sie bringen dich so richtig auf Touren. Sie ermöglichen dir, dass du in kurzer Zeit wesentlich mehr begreifst und dein Wissen bei einer Prüfung auch zur Verfügung hast. (Übrigens solltest du dir vor und nach den Übungen ein Glas Wasser genehmigen!)

Nun noch eine Frage: Hast du gewusst, dass Latein nicht nur die Sprache der alten Römer war, sondern dass es auch heute noch Zeitungen mit lateinischen Nachrichten gibt? Zum Beweis findest du auf den Seiten 152–154 einige Kostproben aus den **„Nuntii Latini"**. In diesen Texten, die der Autor dieses Buches in den letzten Jahren für die österreichische Tageszeitung KURIER geschrieben hat, geht es einmal nicht um Caesar, Cicero & Co., sondern um Frank Sinatra, die Beatles und Wilma Feuerstein – und das alles in lateinischer Sprache!

Dass du spätestens zu diesem Zeitpunkt mit dem Brustton der Überzeugung ausrufst:

„Vivat lingua Latina!"

wünscht dir (und sich) der Verfasser dieses Buches

DECEM CONSILIA DISCENDI (10 Lerntipps)

Diese zehn Punkte solltest du beim Lernen beachten:

1. Zeitplan. Trage in einen Kalender alle **Prüfungstermine** ein. Markiere die Tage, die du zum Lernen vor einer Prüfung brauchst. Das schafft Überblick.

2. Stoffübersicht. Erstelle eine **Liste der** einzelnen **Prüfungsgebiete**, lasse daneben Platz zum Abhaken. Das spornt dich an und gibt dir Übersicht.

3. Entspannen. Beginne nicht sofort nach der Schule mit den Aufgaben. Eine einstündige **Entspannungspause** fördert deine Konzentration.

4. Arbeitsplatz. Richte dir einen eigenen Arbeitsplatz ein. Auf diesem **ordne übersichtlich** deine Unterlagen.

5. Aufwärmen. Verwende dazu unsere Durchstartübungen. **Lerngymnastik** steigert deinen Lernerfolg. Außerdem bist du damit deinen Mitschülern um die berühmte Nasenlänge voraus.

6. Strukturieren. Was du gliederst, kannst du besser behalten. **Markiere** Wesentliches **bunt**, mache dir am Rand Notizen.

7. Pausen. Nach 30 bis 45 Minuten Lernen lässt deine Konzentration nach. Lege daher eine etwa **10 Minuten** lange Pause ein. In der Pause mache eine Durchstartübung. Nach der Pause schreibst du eine nicht besonders anstrengende Hausaufgabe. Dann erst lernst du weiter. Auch **dein Gehirn liebt** die **Abwechslung**.

8. Motivieren. Jeden Tag nach dem Lernen sollte es etwas geben, worauf du dich **freuen** kannst (spielen, ins Kino gehen, Asterix lesen . . .).

9. Wiederholen. Beim Wiederholen festigst du den Stoff. Ein heißer Tipp: **Abendwiederholung**. Das Gehirn lernt weiter, während du schon schläfst. Das funktioniert aber nur, wenn du nach der Abendwiederholung dein Gehirn mit nichts anderem mehr belästigst.

10. Prüfung. Wenn du ängstlich bist, **„spiele"** zu Hause **Prüfung**. Das macht selbstbewusster, und du gehst gestärkt zur echten Prüfung.

DIE VERBA

Wir fangen mit dem Verbum an, weil es das wichtigste Wort eines Satzes ist. In ihm sind viele Informationen enthalten:

Die Abwandlung von Zeitwörtern nennt man **Konjugation**.

Bevor wir uns in die lateinische Verbalformenbildung stürzen, hast du zunächst Gelegenheit zu überprüfen, ob du im **Deutschen** sattelfest bist! Beachte dabei vor allem den Unterschied zwischen **Aktiv** und **Passiv**:

ich tue etwas

mit mir geschieht etwas

1 Gib von den folgenden Formen Person, Zahl, Zeit und Zustandsform an!

(*EXEMPLUM*: ihr singt = 2.P.Pl. Präsens aktiv)

1. wir haben gesungen
2. wir werden gesehen
3. wir werden lachen
4. du wurdest gelobt
5. ich hatte gelauscht
6. es wird behauptet
7. sie war geliebt worden
8. es hatte geregnet
9. er wird eingeladen
10. laufend
11. gelaufen zu sein
12. erwartet worden zu sein
13. lerne!
14. wir hatten getanzt
15. ihr wurdet erwartet
16. er wird eingeladen werden
17. zu lesen
18. geküsst zu werden

Im **Lateinischen** unterscheidet man bei den Verba fünf verschiedene Gruppen. Sie sind nach dem Auslaut ihres Präsensstammes benannt:

	1.P.Sg.Präs. aktiv	Infinitiv Präs. aktiv	1.P.Sg.Perf. aktiv	Part.Perfekt passiv
a-Konjugation (1.)	*laud-o**	*laud**á**-re*	*laudavi*	*laudatum*
e-Konjugation (2.)	*mon**e**-o*	*mon**é**-re*	*monui*	*mónitum*
konsonantische K. (3.)	*le**g**-o*	*lé**g**-e-re*	*legi*	*lectum*
i-Konjugation (4.)	*aud**i**-o*	*aud**í**-re*	*audivi*	*audítum*
Mischkonjugation (M.)	*cap**i**-o*	*cáp**e**-re*	*cepi*	*captum*
Stammformen:	Präsensstamm		aktiver Perfektstamm	passiver Perfektstamm

* entstanden aus *laud**a**-o*

Bei den hier angeführten Formen handelt es sich um die sogenannten **Stammformen** des Verbums. Sie geben die drei Stämme an, von denen im Lateinischen alle Zeiten gebildet werden:

☆ Der **Präsensstamm** bildet: Präsens, Imperfekt, Futur (aktiv und passiv), Imperativ

☆ Der **aktive Perfektstamm** bildet: Perfekt, Plusquamperfekt, Futur Exakt (aktiv)

☆ Der **passive Perfektstamm** bildet: Perfekt, Plusquamperfekt, Futur Exakt (passiv)

2 Auch im Deutschen kann man für jedes Zeitwort die Stammformen angeben:

1. Wie lauten die Stammformen von „gehen" im Deutschen?

____

2. Wodurch unterscheiden sich also die lateinischen von den deutschen Stammformen?

____

OTIUM

DER PRÄSENSSTAMM

In den vom Präsensstamm gebildeten Zeiten (= Präsens, Futur, Imperfekt) gelten **für alle Verben** folgende **Endungen**:

		aktiv	passiv
Sg.	1.P.	***-o / -m****	***-(o)r***
	2.P.	***-s***	***-ris***
	3.P.	***-t***	***-tur***
Pl.	1.P.	***-mus***	***-mur***
	2.P.	***-tis***	***-mini***
	3.P.	***-nt***	***-ntur***

* -m ist die Endung des Imperfekts und teilweise des Futurs

Zwischen Stamm und Endungen können – je nach Konjugation und Zeit – noch **Zeitzeichen** und **Bindevokale** (BV) treten:

	Stamm	Zeitzeichen	BV	Endung	
☆ Präsens:	*canta*			*t*	= „er singt"
☆ Imperfekt:	*canta*	*ba*		*t*	= „er sang"
☆ Futur:	*canta*	*b*	*i*	*t*	= „er wird singen"

Die genauen Bildungsregeln für die einzelnen Zeiten findest du auf den nächsten Seiten! Die vollständigen Konjugationstabellen kannst du in deinem Lehrbuch bzw. deiner Latein-Grammatik nachschlagen.

PRÄSENS (Gegenwart)

An den Präsensstamm treten direkt die auf der vorigen Seite genannten Endungen: *ama-s* → du liebst
place-t → es gefällt

Bei der **konsonantischen Konjugation** steht zwischen Stamm und Endung noch ein sogenannter **Bindevokal**: Dieser lautet **i**, **e** (vor r) oder **u** (3. Pers. Pl.): *duc-**i**-s* → du führst
*duc-**e**-ris* → du wirst geführt
*duc-**u**-nt* → sie führen

In der 3. Pers. Pl. haben auch Misch- und i-Konjugation **u** als Bindevokal:
*capi-**u**-nt* → sie fangen
*audi-**u**-nt* → sie hören

3 Bestimme und übersetze die folgenden Formen:

(*EXEMPLUM: veniunt* = 3. P. Pl. Präsens aktiv, „sie kommen")

1. narratis	4. oramur	7. caperis	10. ducimini
2. scribitur	5. videntur	8. capis	11. legit
3. oramus	6. rapitur	9. salutor	12. ducit

4 Verwandle die folgenden Formen ins Passiv und übersetze dann:

(*EXEMPLUM: ducimus* = 1. P. Pl. aktiv → passiv: ducimur = „wir werden geführt")

1. mittitis	4. vehis	7. accipis	10. servant
2. audiunt	5. salutant	8. petimus	11. doceo
3. amo	6. respondet	9. videt	12. capitis

OTIUM

Wie man das Passiv noch übersetzen kann:

Statt der wörtlichen Übersetzung ist es mitunter besser, eine der beiden folgenden Möglichkeiten zu wählen:

1. Reflexive (= mediale) Übersetzung des Passivs:

delector:	**passiv** = ich werde erfreut	→ **reflexiv** = ich erfreue **mich**
lavor:	**passiv** = ich werde gewaschen	→ **reflexiv** = ich wasche **mich**

Auch die mediale Form kann – wie das Aktiv und das Passiv (siehe Seite 8) – graphisch dargestellt werden:

ich tue etwas,
das mich selbst betrifft

5 Übersetze die folgenden Sätze reflexiv (medial)!

1. Cottidie exercebamur. ______________________
2. Cur non lavaris? ______________________
3. Quibus rebus delectaris? ______________________
4. Tempora mutantur. ______________________

2. Eine 3. P. Passiv kann auch mit **„man"** übersetzt werden:

spectatur = (es wird betrachtet =) **man** betrachtet

libri leguntur = (die Bücher werden gelesen =) **man** liest die Bücher

6 Übersetze auf diese Weise:

1. sacrificatur ____________
2. habetur ____________
3. auditur ____________
4. respondetur ____________

IMPERFEKT (Präteritum)

Das ist eine Zeit, die leicht zu bilden und erst recht leicht zu erkennen ist. Jede Imperfektform enthält nämlich die Silbe ***-ba-*** als sog. **Zeitzeichen**:

lauda-ba-m   mone-ba-m   leg-e-ba-m   capi-e-ba-m   audi-e-ba-m

Die Endungen sind dieselben wie im Präsens (aber: 1. P. Sg. = -***m***).

7 Zerlege die folgenden Formen in ihre Bestandteile:

	Stamm	Imperfekt-zeichen	Endung
laudabam			
monebaris			
legebat			

8 Konjugiere das Imperfekt von *amare* aktiv und passiv!

aktiv: ______________________________

passiv: ______________________________

9 Setze die Formen von Übung 3 ins Imperfekt!

10 Setze die Imperfektformen in die jeweils andere Zahl!

(*EXEMPLUM: legebas* = 2.P.Sg. → 2.P.Pl. = legebatis)

1. dabant ______________________________
2. monstrabatur ______________________________
3. videbamini ______________________________
4. constituebatis ______________________________
5. addebantur ______________________________
6. capiebar ______________________________
7. dicebam ______________________________
8. discebamus ______________________________
9. servabamur ______________________________
10. docebas ______________________________

OTIUM

FUTUR (Zukunft)

Das Futur wird auf zwei verschiedene Arten gebildet:

☆ mit **-b-** + **Bindevokal***	→	bei der a- und e-Konjugation
☆ mit **-a-** (1. P. Sg.) bzw. **-e-**	→	bei den übrigen drei Konjugationen

* Die Bindevokale sind dieselben wie im Präsens der konsonantischen Konjugation, siehe Seite 11.

11 Konjugiere lateinisch vollständig!

(*EXEMPLA:* *a*-Konjugation: Sg. laudabo, laudabis, laudabit
Pl. laudabimus, laudabitis, laudabunt

konsonantische K.: Sg. legam, leges, leget
Pl. legemus, legetis, legent)

1. ich werde bleiben 2. ich werde kommen 3. ich werde tun *(facere)*
4. ich werde eingeladen werden 5. ich werde geschickt werden

12 Angenommen, du stößt auf die Form *volves*, weißt aber nicht, zu welcher Konjugation das Verbum gehört. Um welche zwei Zeiten könnte es sich handeln?

-es, -et, -emus, -etis, -ent
- bei der e-Konjugation → **Präsens Indikativ**!
- bei der konsonantischen Konj. → **Futur**!

13 Gib zu den folgenden Formen an, um welche Konjugation es sich handelt, bestimme die Zeit und übersetze:

1. scribetur ______________________________
2. inveniet ______________________________
3. docetur ______________________________
4. gaudet ______________________________

14 Fülle die Tabelle nach dem Muster der ersten Zeile aus:

	Infinitiv	Konjugation	a-/e-Futur	b-Futur	Übersetzung
ages	agere	konson.	✓		du wirst tun
parabis					
videbitur					
dabis					
petam					
sedebimus					
cupiemus					
intrabunt					
arcebuntur					
dormiet					

15 Übersetze:
1. monstrabo
2. vocabuntur
3. vincetur
4. ducent
5. capiam
6. videbimus

Sehr oft wird beim Übersetzen das **Futur Aktiv** mit dem **Präsens Passiv** verwechselt, da im Deutschen für die Formenbildung in beiden Fällen dasselbe Hilfsverb verwendet wird, nämlich „werden".
Halte daher gut auseinander (→ Übersetzungs-Tipp 3, Seite 139):

☆ ich werde loben → Futur Aktiv (→ ich tue etwas)
☆ ich werde gelobt → Präsens Passiv (→ mit mir geschieht etwas)

16 Übersetze:
1. er wird erzählen
2. es wird erzählt
3. wir werden gesehen
4. wir werden sehen
5. man wird sehen
6. sie werden siegen
7. sie werden besiegt werden
8. sie werden kommen
9. ich werde geben
10. du wirst eingeladen werden
11. du wirst einladen
12. du wirst eingeladen

OTIUM

IMPERATIVE (Befehlsformen)

	a-Konjug.	e-Konjug.	konson.K.	Mischkonj.	i-Konjug.
Sg.	*spect**a**!*	*vid**e**!*	*leg**e**!*	*cap**e**!*	*aud**i**!*
Pl.	*spect**áte**!*	*vid**éte**!*	*lég**ite**!*	*cáp**ite**!*	*aud**íte**!*

17 Übersetze die oben angegebenen Imperative!

	a-Konjug.	e-Konjug.	konson.K.	Mischkonj.	i-Konjug.
Sg.					
Pl.					

18 Übersetze:

1. antworte!
2. gebt!
3. lauft!
4. mach!
5. schlaft!
6. komm!
7. erzählt!
8. grüßt!
9. schlaf!

19 Der Name einer deutschen Autofirma ist lateinisch und heißt, ins Deutsche übersetzt, „Horch!". Um welche Automarke handelt es sich?

20 Welche Form passt nicht in die Vierergruppe? Begründe deine Wahl!

1. *legi – cepi – dedi – dormi*
2. *age – veni – more – cape*

21 Von der Spitze der Pyramide bis zu ihrer Basis kommt je ein Buchstabe dazu (die Reihenfolge der Buchstaben kann aber wechseln!):

1. __ magistro numquam laudor.
2. Pueri ___ ripam fluvii properant.
3. Iuno summa ____ Romanorum est.
4. Captivi exclamabant: „______ nobis veniam!"
5. Diu Marcum exspectabamus,
   nunc denique ________ .

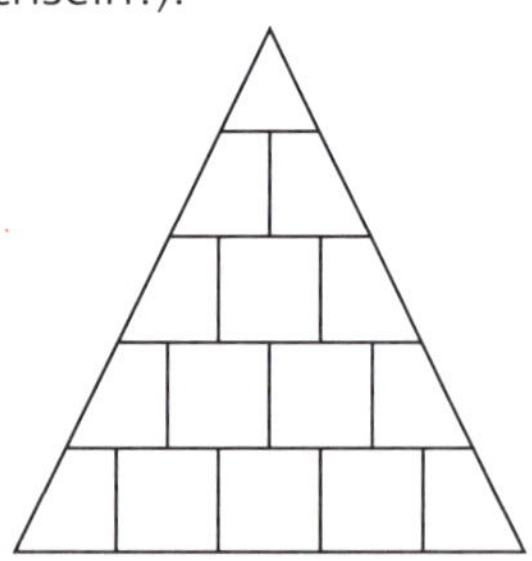

Übungen zum Präsensstamm (Zusammenfassung)

22

Ergänze die jeweils fehlenden Zeiten:

Präsens	Futur	Imperfekt
	petes	
		ducebantur
creditur		
agit		
	pugnabitur	
do		
	tenebuntur	
		narrabamus
habent		
	quaeremur	
laudor		

23

Welche der folgenden Formen fällt aus der Reihe und warum?

1. *duces – doces – dices – disces*
2. *monetur – arcetur – addetur – respondetur*

Schon gut in Form(en)?

Nun wird's ernst: Bist du mit den Präsensstammformen schon auf Du? Für jede richtige Übersetzung gibt's 1 Punkt (max. 32 Punkte)!

1. legis – 2. leges – 3. addam – 4. trahebas – 5. vincebatur – 6. addite – 7. vincitur – 8. respondebo – 9. dabitur – 10. agitur – 11. agetur – 12. videbunt – 13. iubebant – 14. cedebamus – 15. credetur – 16. docemini – 17. mittam – 18. cantabam – 19. arcebis – 20. habemus – 21. dicitis – 22. relinquebantur – 23. veniam – 24. da – 25. vocaris – 26. spectaberis – 27. adiuvate – 28. age – 29. spectabamur – 30. deletur – 31. prohibeor – 32. vocabaris

AUSWERTUNG

32–29 Punkte: *Optime!*

28–19 Punkte: *Satis.* Ein kleines Zusatztraining könnte trotzdem nicht schaden!

18–0 Punkte: *Parum!* Du scheinst dich noch in einem größeren Formentief zu befinden: Trainiere den Stoff der Seiten 10 bis 16 nochmals intensiv!

DER AKTIVE PERFEKTSTAMM

Im Lateinischen sind alle Formen des aktiven Perfekts einfache Verbalformen, d. h. sie werden nicht, wie **im Deutschen**, durch ein Hilfszeitwort + Mittelwort gebildet (z. B. „ich habe gesungen"), sondern es treten bestimmte Endungen an den aktiven Perfektstamm.

Die **Bildung des aktiven Perfektstammes** ist von Konjugation zu Konjugation verschieden:

- ☆ a-Konjugation: meist auf ***-av-***: von *laudare* → ***laudav-***
- ☆ e-Konjugation: meist auf ***-u-***: von *monere* → ***monu-***
- ☆ i-Konjugation: meist auf ***-iv-***: von *audire* → ***audiv-***
- ☆ Misch- und konsonantische Konjugation: keine Regel, daher musst du den Perfektstamm für jedes Verbum extra lernen!

Welcher Buchstabe des Präsensstammes ist im Perfekt der e-Konjugation verloren gegangen? ______

Abgesehen von den unterschiedlichen Perfektstammbildungen gelten für alle Konjugationen dieselben **Endungen**:

		Perfekt	PlQPf.	Futur Exakt
Sg.	1.P.	***-i***	***-eram***	***-ero***
	2.P.	***-isti***	***-eras***	***-eris***
	3.P.	***-it***	***-erat***	***-erit***
Pl.	1.P.	***-imus***	***-eramus***	***-erimus***
	2.P.	***-istis***	***-eratis***	***-eritis***
	3.P.	***-érunt***	***-erant***	***-erint***

24 **Perfekt** und **Plusquamperfekt** werden normalerweise selten verwechselt. Nur in der 3. P. Pl. besteht relativ große Verwechslungsgefahr. Schreibe in die linke Spalte daher die Perfekt-, in die rechte die Plusquamperfektformen des angegebenen Verbums:

	Perfekt 3. Person Plural	PlQPf. 3. Person Plural
laudo	laudaverunt	laudaverant
moneo		
audio		
capio		
lego		

25 Verwandle die folgenden Präsensformen ins Perfekt und übersetze sie dann (falls dir das Perfekt eines Wortes unbekannt ist, kannst du im Vokabelverzeichnis auf Seite 162 ff. nachschlagen!)

(*EXEMPLUM: servat* = 3. P. Sg. Präs. → Perf. 3. P. Sg. = servavit, „er hat gerettet")

1. voco
2. dormiunt
3. imperatis
4. facimus
5. intras
6. scribitis
7. audimus
8. scis
9. rogamus
10. vivunt
11. cadit
12. quaeris
13. tollitis
14. pono
15. video

26 Welche Form passt nicht in die Vierergruppe? Begründe deine Wahl!

1.

2.

27 **Keiner ist vollkommen, aber viele Formen sind Perfekt!**
Ordne die folgenden Formen in die drei Spalten und übersetze sie:

docuit – puniverant – scripsi – egistis – narravero – sciverat – exspectaveritis – exspectaveratis – gessimus – imperaveram – erraveris – habuerint – dixi – coegerant – dederunt – posuero – laboravimus – dederimus – arcuerunt – arcuerant – reddideras – imperavit – occupavi – cupiveram – cecineramus – reliqueris – vexerat – quaesivimus – surrexisti – veni – dormiverant

HALLO IHR MÜDEN KRIEGER!
WENN IHR WOLLT, ZAUBERE ICH EUCH MIT EIN PAAR LUSTIGEN ÜBUNGEN WIEDER FIT!!
?
WAS IST MIT MEINER LIMO-DOSE LOS?

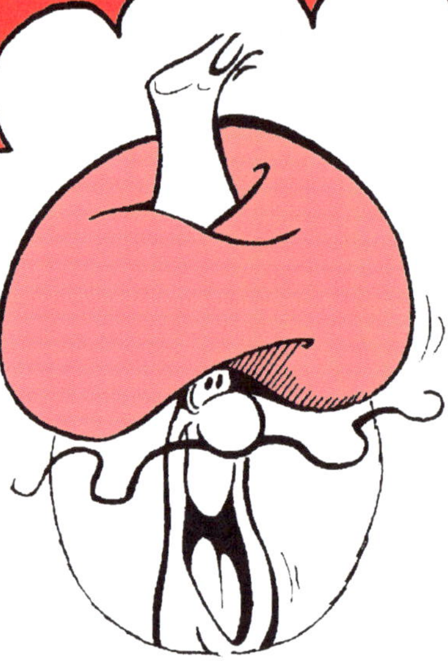

POWERMUDRA

Müde? Erschöpft? Verzweifelt?
Das Powermudra gibt dir Kraft für deine Aufgaben:

Du legst Daumen und Ringfingerkuppen zusammen und den Zeigefinger auf das erste Daumengelenk.
Du kannst es auch nur mit rechter oder linker Hand halten.
Dauer der Übung: mindestens 3 Minuten. Führe das Powermudra mindestens 6-mal täglich durch.

Stell dir einmal vor,
du bist Besitzer eines tollen Autos. Es kann schnell fahren, es bringt dich gut und sicher an jedes von dir gewünschte Ziel. Du braust gerade auf der Autobahn dahin, aber plötzlich stottert der Motor. Du drückst stärker aufs Gaspedal, trotzdem wird dein Auto immer langsamer und bleibt sogar stehen. Du kannst nun schimpfen, einen Kopfstand machen, das Auto neu lackieren, die Mitfahrer rausschmeißen – das Auto wird sich keinen Zentimeter bewegen. Wenn dein Auto keinen Treibstoff mehr hat, kannst du tun, was du willst. Du musst das Richtige tun: **TANKEN!** Dann kannst du deine Fahrt fortsetzen und kommst ans Ziel.

Ebenso ist es mit deiner eigenen Kraft. Wenn deine Energie zu niedrig ist, hast du es sehr schwer, eine gute Lernleistung zu erbringen. Von leicht und locker zu schaffen, was Lehrer und Eltern von dir fordern, ganz zu schweigen.
Unlust, Müdigkeit, Ärger oder Verzweiflung breiten sich in deinem Körper aus. Sie zehren an deiner Energie. Wie willst du aber eine Leistung bringen, wenn dein Tank leer ist?

Daher heißt's auftanken mit dem Powermudra!

DER PASSIVE PERFEKTSTAMM

Die Formen des passiven Perfektstammes werden im Lateinischen ähnlich wie im Deutschen gebildet:

Ich bin	**gelobt**	worden.
	laudatus/-a	*sum*
	↓	↓
	Mittelwort der Vght. **(PPP)**	+ Form von *esse* („sein“)

Die Bildung des Partizip Perfekt Passiv (= PPP):

- ☆ a-Konjugation: meist auf ***-átus 3***: z. B. *laudatus 3* („gelobt“)
- ☆ e-Konjugation: meist auf ***-itus 3***: z. B. *mónitus 3* („ermahnt“)
- ☆ i-Konjugation: meist auf ***-ítus 3***: z. B. *audítus 3* („gehört“)
- ☆ Misch- und konsonantische Konjugation: keine Regel, daher musst du das PPP für jedes Verbum extra lernen!

Welche Endungen das PPP hat, hängt vom Subjekt ab:

Sg.: *Iuli**us** amat**us** est* — Pl.: *puer**i** amat**i** sunt*

Sg.: *Iuli**a** amat**a** est* — Pl.: *puell**ae** amat**ae** sunt*

Sg.: *templ**um** ornat**um** est* — Pl.: *templ**a** ornat**a** sunt*

Die Bildung der einzelnen Zeiten des passiven Perfektstammes:

			Perfekt	PlQPf.	Futur Exakt
Sg.	1.P.		***sum***	***eram***	***ero***
	2.P.	*laudatus, -a, -um* +	***es***	***eras***	***eris***
	3.P.		***est***	***erat***	***erit***
Pl.	1.P.		***sumus***	***eramus***	***erimus***
	2.P.	*laudati, -ae, -a* +	***estis***	***eratis***	***eritis***
	3.P.		***sunt***	***erant***	***erunt***

28

1. Sämtliche Formen des passiven Perfektstammes sind, wie du gesehen hast, Zusammensetzungen aus **PPP + Formen von *esse***. Welche einfache Regel könnte man für die Bildung der einzelnen Zeiten formulieren?

☆ Perfekt passiv = **PPP +** ________________ **von *esse*.**

☆ PlQPf. passiv = **PPP +** ________________ **von *esse*.**

☆ Futur Exakt passiv = **PPP +** ________________ **von *esse*.**

2. Wie lautet das vollständige Perfekt passiv zu *amare*?

Sg.: ____

Pl.: ____

3. Bilde das komplette PlQPf. passiv zu *monere*!

Sg.: ____

Pl.: ____

4. Bilde zu *ducere, capere* und *audire* jeweils die 1. P. Sg. Perfekt, Plusquamperfekt und Futur Exakt passiv!

Perfekt passiv: ____________________________________

PlQPf. passiv: ____________________________________

Futur Exakt passiv: ________________________________

29

Übersetze ins Lateinische:

1. sie waren erwartet worden – 2. du bist gefragt worden – 3. es ist gesagt worden – 4. wir waren gehört worden – 5. ihr seid geführt worden – 6. ich werde geliebt worden sein – 7. es war erzählt worden – 8. sie ist ermahnt worden – 9. er ist ermahnt worden – 10. man hat ermahnt – 11. ich war gelobt worden

30 Übersetze:

1. lectum est – 2. captus erit – 3. vocatae sunt – 4. territi sumus – 5. victi erant – 6. auctum erat – 7. ducti eritis – 8. actum erat – 9. visus est – 10. docti sumus – 11. missi erunt – 12. rogatus sum – 13. dictum erat – 14. capti erant – 15. vocata eras – 16. spectati estis

31 Übersetze und verwandle dann die aktive in die entsprechende passive Form:

(*EXEMPLUM: celebravistis* = ihr habt gefeiert →
passiv: ihr seid gefeiert worden = celebrati(-ae) estis)

1. prohibuerunt
2. necaverunt
3. monstravit
4. vocavi
5. duxeram
6. dederat
7. audivero
8. ceperant
9. vicimus
10. duxisti

TEST

Bist du schon perfekt in Form(en)?
Verwandle die folgenden Formen vom Aktiv ins Passiv bzw. umgekehrt und übersetze sie dann!

1. vocatae sunt
2. terruimus
3. rogaveram
4. cepero
5. ducti sunt
6. spectaveras
7. narratum erat
8. amatae estis
9. legerit
10. audivisti
11. dormitum erat
12. docti sunt

AUSWERTUNG
Für jede richtige Umwandlung gibt's 1 Punkt, ebenso pro richtiger Übersetzung, maximal also 24 Punkte.
24–20 Punkte: *Optime!* Nichts wie weiter im Stoff!
19–13 Punkte: *Satis* – könnte aber besser sein!
12 oder weniger: Leider *sub cane* . . . – blättere zurück zu Seite 18 und arbeite den Stoff nochmals genau durch!

SPRICHWÖRTER-MIX

Hier findest du die Anfänge von 12 lateinischen Sprichwörtern bzw. Redensarten. Versuche, aus den jeweils drei angegebenen Varianten für den Schluss die richtige herauszufinden! Wenn du die jeweils in Klammer stehenden Buchstaben aneinander reihst, ergibt sich die aus Vor- und Familienname bestehende lateinische Bezeichnung einer bekannten Comics-Figur.

1. Non scholae, sed vitae	dicimus (A)	discimus (D)	docemus (C)
2. Usus est magister	pessimus (X)	optimus (O)	meus (F)
3. Mens sana in corpore	ranae (B)	meo (V)	sano (N)
4. O tempora, o	zon (C)	zores (T)	mores (A)
5. In dubio pro	mille (M)	reo (L)	leo (H)
6. Sero venientibus	ossa (D)	rosa (E)	fossa (B)
7. Urbi et	obi (N)	orbi (U)	ubi (O)
8. Ora et	Aurora (Y)	labora (S)	labores (C)
9. Plenus venter non studet	libenter (A)	semper (B)	vehementer (I)
10. Cave	matrem (P)	panem (L)	canem (N)
11. Carpe	diem (A)	florem (U)	canem (C)
12. In vino	caritas (R)	adidas (K)	veritas (S)

Wie heißt also unser Freund? Seine Abenteuer kannst du übrigens tatsächlich auch in lateinischer Sprache lesen!

NAME: ☐☐☐☐☐☐☐☐ ☐☐☐☐

Solltest du jetzt noch Energien übrig haben, kannst du als Fleißaufgabe sämtliche (richtige) Versionen der Sprichwörter ins Deutsche übersetzen – andernfalls kannst du sie im Lösungsheft nachschlagen.

DIE PARTIZIPIA (Mittelwörter)

Mit ihnen musst du dich beim Übersetzen oft genug herumplagen, denn sie kommen im Lateinischen um einiges häufiger vor als im Deutschen.

DAS PARTIZIP PRÄSENS

☆ **Bildung:** Das Partizip Präsens erkennst du an den Buchstaben ***-nt-*** (bzw. ***-ns*** im 1. Fall). Es wandelt folgendermaßen ab:

	Singular		Plural	
	m. + f.	n.	m. + f.	n.
1./5.F.	*lauda**ns***		*lauda**nt**es*	*lauda**nt**ia*
2.F.	*lauda**nt**is*		*lauda**nt**ium*	
3.F.	*lauda**nti***		*lauda**nt**ibus*	
4.F.	*lauda**nt**em*	*lauda**ns***	*lauda**nt**es*	*lauda**nt**ia*
6.F.	*lauda**nte***		*lauda**nt**ibus*	

Nach welcher Deklination wandelt das Partizip Präsens also ab? Vergleiche dazu die Seite 54.

☆ **Bedeutung:** Das Partizip Präsens ist **aktiv** und **gleichzeitig**:

laudans, laudantis = lobend / einer, der lobt

DAS PARTIZIP PERFEKT

☆ **Bildung:** Das PPP erhält man, wie du schon von der Perfektbildung weißt, als **letzte Form der Stammformen** eines Verbums (meist ***-tus*** *3* oder ***-sus*** *3*). Es gibt den passiven Perfektstamm an und dekliniert wie ein Adjektiv der a-/o-Deklination.

☆ **Bedeutung:** Das PPP ist **passiv** und **vorzeitig**:

laudatus, -a, -um = gelobt / einer, der gelobt worden ist

DAS PARTIZIP FUTUR

☆ **Bildung:** Das Partizip Futur erhält man, indem man beim PPP die Endung *-us* durch ***-urus*** ersetzt. Es dekliniert ebenfalls wie ein Adjektiv der a-/o-Deklination.

☆ **Bedeutung:** Das Partizip Futur ist **aktiv** und **nachzeitig**:

laudaturus, -a, -um = einer, der loben wird / will

32 Ordne die Partizipia den richtigen Spalten zu und übersetze:

victuri – vocati – spectanti – spectati – positura – servatam – cantantium – facturae – dans – imperatis – imperantis – vocaturus

Partizip Präsens	Partizip Perfekt	Partizip Futur
	vocati	

33 Bestimme, um welches Partizip es sich handelt, und übersetze die Wortgruppe:

(*EXEMPLUM: hostes victi* = PPP, 1. Fall Pl. mask. = „die besiegten Feinde")

1. hostes vincentes
2. hosti vincenti
3. puellam amantem
4. puellam amatam
5. pueri clamantis
6. pueri clamati
7. pueri clamaturi
8. discipulos rogantes
9. discipulos rogatos
10. mater puerum diligens
11. pueri a matre dilecti
12. liberis lupum timentibus

DIE INFINITIVE

Die Infinitive brauchst du im Lateinischen häufiger als im Deutschen, da es so lästige Konstruktionen wie den **AcI** und den **NcI** gibt (siehe Seite 130 f.). Du erkennst die Infinitive an folgenden Endungen (A = Aktiv, P = Passiv):

Präsens A	***-re***	*laudare, monére, légere, cápere, audire*
Präsens P	***-(r)i***	*laudari, moneri,* ***legi****,* ***capi****, audiri*
Perfekt A	***-isse***	*laudavisse, monuisse, legisse, cepisse, audivisse*
Perfekt P	**PPP +** ***esse***	*laudatum/mónitum/lectum/captum/audítum esse*
Futur A	**P. Futur +** ***esse***	*laudaturum/moniturum/lecturum (etc.) esse*

Welche Konjugationen kann man anhand des Präsensinfinitivs nicht unterscheiden?

- ✰ aktiv: ______________________________
- ✰ passiv: ______________________________

Übersetzung der Infinitive:

- ✰ Präsens aktiv: *laudare* = „(zu) loben"
- ✰ Präsens passiv: *laudari* = „gelobt (zu) werden"
- ✰ Perfekt aktiv: *laudavisse* = „gelobt (zu) haben"
- ✰ Perfekt passiv: *laudatum esse* = „gelobt worden (zu) sein"

(Der Futurinfinitiv kommt nur im AcI vor, den du erst im Band für das 2. Lernjahr kennen lernen wirst!)

34 Übersetze die folgenden Infinitive:

1. cepisse
2. legi
3. auditum esse
4. navigare

35 Bei der **konsonantischen** und der **Mischkonjugation** besteht fallweise Verwechslungsgefahr zwischen dem passiven Infinitiv Präsens und einer anderen Form. Um welche handelt es sich? Bestimme und übersetze dazu die folgenden Formen:

agi = ________________________________

egi = ________________________________

capi = ________________________________

cepi = ________________________________

Der passive Infinitiv Präsens kann also leicht mit der ___ Person des aktiven ________________ (Zeit) verwechselt werden.

36 Übersetze:

1. zu schmücken – 2. gehorcht zu haben – 3. zu lernen – 4. gesagt zu werden – 5. geführt zu haben – 6. zu schicken – 7. zu antworten – 8. gehört worden zu sein – 9. getan zu werden – 10. gestanden zu sein – 11. gefragt worden zu sein

37 Trage die folgenden Infinitive in die Tabelle ein und übersetze sie (ausgenommen die Futurinfinitive):

1. coluisse – 2. poni – 3. amari – 4. docuisse – 5. expugnare – 6. datum esse – 7. tenere – 8. vehi – 9. traxisse – 10. salutaturum esse – 11. peti – 12. monstrare – 13. quaesitas esse – 14. habuisse – 15. visam esse – 16. visuram esse – 17. inventuros esse

38

Ergänze die Leerfelder nach dem Muster der ersten beiden Zeilen:

legis (Präs.)	du liest	*legere* (Präs.)	zu lesen
audivisti (Pf.)	du hast gehört	*audivisse* (Pf.)	gehört zu haben
	sie haben		
timetur			
datum est			
	wir haben gefangen		

39

Übersetze:

1. Ad litus currere decrevimus.
2. Aestatem in Italia agere solemus.
3. Nonnullis discipulis displicet a magistro laudari.
4. Gratum est a cunctis amari.
5. Me paenitet *(„es reut")* te invitavisse.

?

Welche Form passt nicht in die Reihe und warum?

Begründung: ______________________

____

UNREGELMÄSSIGE VERBA

Die meisten Formen wirst du bereits im Unterricht gelernt haben. Darum findest du in den folgenden Tabellen nicht alle Formen eingetragen, sondern vor allem die unregelmäßig gebildeten (sie sind fett gedruckt).

	sum, esse, fui „sein"	***possum, posse, potuisse*** „können"
Präsens Sg. Pl.	***su****m, es, est* ***su****mus, estis,* ***su****nt*	*po****ss****um, potes, potest* *po****ss****umus, potestis, po****ss****unt*
Imperfekt	*eram, eras . . . erant*	*poteram, poteras . . . poterant*
Futur	*ero, eris . . . erunt*	*potero, poteris . . . poterunt*
Perfekt	*fui, fuisti . . . fuerunt*	*potui, potuisti . . . potuerunt*

40 Am meisten „verwechslungsgefährdet" bei ***esse*** und ***posse*** ist die 3.P. Pl. Gib daher zu den folgenden Formen Zeit und Übersetzung an!

erunt / poterunt: Zeit: ____________ Üs.: ____________ /____________

erant / poterant: Zeit: ____________ Üs.: ____________ /____________

fuerunt / potuerunt: Zeit: ____________ Üs.: ____________ /____________

fuerant / potuerant: Zeit: ____________ Üs.: ____________ /____________

Folgt hinter *pot-* ein **-u-**, handelt es sich um eine Form des Perfektstammes!

Die wichtigsten Komposita von ***esse*** (in Klammer das Perfekt):	
abesse (afui) = „abwesend sein"	*interesse (interfui)* = „beiwohnen"
adesse (adfui) = „anwesend sein"	*deesse (defui)* = „fehlen"
praeesse (praefui) = „befehligen"	*prodesse (profui)* = „nützen"

41 Übersetze:

1. afuimus – 2. intererimus – 3. estis – 4. aderas – 5. desunt – 6. interfuerant – 7. praeerit – 8. profuerat – 9. es – 10. potuerunt – 11. potest – 12. prodest – 13. eritis – 14. fuistis – 15. poteratis

	volo, velle, volui „wollen"	***eo, ire, itum*** „gehen"
Präsens Sg. Pl.	*volo, **vis**, **vult*** *vol**u**mus, v**u**ltis, volunt*	***eo**, is, it* *imus, itis, **eunt***
Imperfekt	*volebam, volebas . . . volebant*	*ibam, ibas, . . . ibant*
Futur	*volam, voles, . . . volent*	*ibo, ibis . . . ibunt*
Perfekt	*volui, voluisti, . . . voluerunt*	*ii, **i**sti, iit; iimus, **i**stis, ierunt*

Nach welcher Konjugation wandelt *velle*, vom Präsens abgesehen, ab? (Beachte dabei vor allem das Futur!)

____

Die wichtigsten Komposita von ***ire***:	
abire = „weggehen"	*adire* = „hingehen", „angreifen"
exire = „hinausgehen"	*inire* = „hineingehen"
interire = „zugrunde gehen"	*perire* = „zugrunde gehen"
redire = „zurückkehren"	*subire* = „auf sich nehmen"

42 Übersetze:

1. redierant – 2. interiit – 3. inibatis – 4. ibunt – 5. existi – 6. exibo – 7. istis – 8. abeo – 9. vis – 10. velle – 11. volet – 12. vultis – 13. ibamus – 14. voluerant – 15. iniit – 16. exit – 17. adibant

*ES GEHT IMMER

		ferro, ferre, tuli, latum „(er)tragen“, „bringen“
Präsens	Aktiv Passiv	*fero,* ***fers****,* ***fert****; ferimus,* ***fertis****, ferunt* *feror,* ***ferris****,* ***fertur****; ferimus, ferimini, feruntur*
Imperfekt	Aktiv Passiv	*ferebam, ferebas ...ferebant* *ferebar, ferebaris ... ferebantur*
Futur	Aktiv Passiv	*feram, feres ... ferent* *ferar, fereris ... ferentur*
Perfekt	Aktiv Passiv	*tuli, tulisti ... tulerunt* *latus sum, latus es, ... lati sunt*
Infinitive	Präsens Perfekt	aktiv: ***ferre*** passiv: ***ferri*** aktiv: *tulisse* passiv: *latum esse*

Nach welcher Konjugation wandelt *ferre* großteils ab? ________________

Was fehlt aber in den fett gedruckten Formen des Präsens? ____________

Wichtige Komposita von *ferre*:		
afferre, attuli, allatum	„hintragen“	
auferre, abstuli, ablatum	„wegnehmen“	(vgl. Ablativ)
differre, —	„sich unterscheiden“	(vgl. Differenz)
inferre, intuli, illatum	„beginnen“ (bellum)	
perferre, pertuli, perlatum	„überbringen“; „ertragen“	
praeferre, praetuli, praelatum	„vorziehen“	(vgl. Prälat)
referre, rettuli, relatum	„zurückbringen“, „berichten“	(vgl. Referat)

43 Übersetze:

(*EXEMPLUM: perfers* = „du überbringst“)

1. ferunt – 2. ferentur – 3. affers – 4. fertur – 5. tulisti – 6. abstulerat – 7. differimus – 8. aufertur – 9. referemus – 10. afferunt – 11. praetuli – 12. nuntius perlatus est – 13. nobis auxilium tulerunt – 14. afferri – 15. perlatum esse

OTIUM

44 Auch wenn dir das Lernen der unregelmäßigen Verba keine übermäßige Freude bereitet hat: Deine diesbezüglichen Kenntnisse müssten jetzt schon recht passabel sein! Ergänze also die Gleichungen durch die in Klammer angegebenen Wörter:

spectas : *spectatis* = ____________ : ______________ *(velle)*

audivi : *audivimus* = ____________ : ______________ *(ferre)*

habebo : *habebimus* = ____________ : ______________ *(posse)*

dormit : *dormiunt* = ____________ : ______________ *(ire)*

videtur : *videntur* = ____________ : ______________ *(ferre)*

45 Um dein Wissen bezüglich der unregelmäßigen Verba einer letzten Prüfung zu unterziehen, solltest du den folgenden Test machen. Welche der 8 Aussagen sind richtig (R), welche falsch (F)?

1. *eo* kann „ich gehe" oder „dorthin" heißen. R / F
2. *erunt* heißt „sie werden sein". R / F
3. *poterant* heißt „sie hatten gekonnt". R / F
4. Die 3. P. Pl. Präsens von *velle* lautet *volant*. R / F
5. *tulistis* bedeutet „ihr seid getragen worden". R / F
6. *eam, feram, potero, volam, fiam* sind jeweils 1. P. Sg. Futur. R / F
7. Der kürzeste lateinische Satz lautet *i*! R / F
8. Das lateinische Sprichwort *nolens volens* bedeutet „Ob man will oder nicht". R / F

Wenn du die Gesamtzahl der richtigen und der falschen Antworten ermittelst und die zwei Ziffern nebeneinander stellst (zuerst R, dann F), erhältst du das Todesjahr eines nicht ganz unbekannten Römers.

a) Wie lautet die Jahreszahl? . . vor Christi Geburt

b) Weißt du auch, wer in diesem Jahr gestorben ist – übrigens mehr *nolens* als *volens* . . .? ____________

ZUSAMMENFASSENDE ÜBUNGEN ZU DEN VERBALFORMEN

46 Von jenem Römer, dessen Todesjahr du (hoffentlich) auf der vorigen Seite herausgefunden hast, sind eine ganze Menge berühmter Aussprüche überliefert. Einen davon hast du bestimmt schon oft gehört: *„Veni, vidi, vici!“* Da dieser Satz zeitlos ist, könntest du ihn doch einmal in alle Zeiten setzen!

Futur: ____

Präsens: ____

Imperfekt: ____

Plusquamperfekt: ____________________

____

47 Streiche das nicht passende Wort und begründe, warum es nicht passt!

1. *iubeo – do – origo – diligo*
2. *ego – nego – lego – negabo*
3. *scitis – itis – viris – spectabitis*

Eine Reise durch die Zeiten!
Zum Abschluss deiner Reise durch alle Zeiten (und Personen) und vor der Ankunft bei den Substantiva musst du dir noch hinsichtlich deiner neu erworbenen Formenkenntnisse auf den Zahn fühlen lassen! Übersetze also die folgenden Formen:

1. dicam	7. vinci	13. scriptum erat	19. vis
2. ducemini	8. cedens	14. agent	20. dolebimus
3. scripserant	9. tulisti	15. actum erat	21. audi
4. auctus	10. potuero	16. videris	22. cepisse
5. ceciderunt	11. erunt	17. mittimini	23. tactum esse
6. vici	12. studebunt	18. tollebatis	24. currite

AUSWERTUNG
24–20 Punkte: *Haud male!*
19–15 Punkte: Nicht gerade umwerfend, aber noch ausreichend!
14–0 Punkte: *Parum!!* – Du musst dir nochmals eine gehörige Verbalformendosis vergönnen – zurück auf Seite 18!

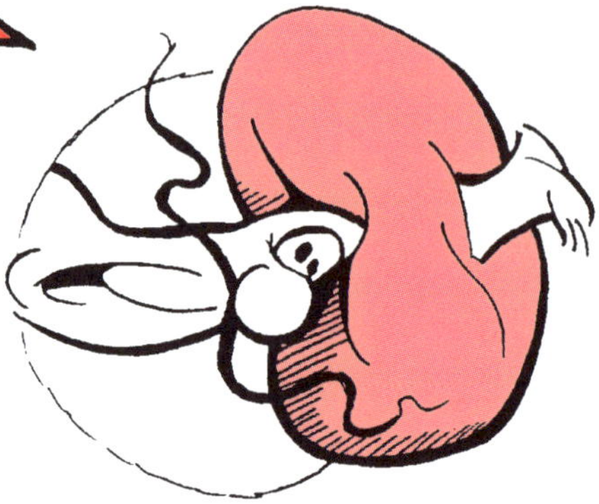

ERDKNÖPFE UND RAUMKNÖPFE

Du liest etwas, kannst es dir aber nur schwer merken?

Halte deine Erdknöpfe:

Du berührst mit je zwei Fingern der einen Hand den Rand deines Schambeins und mit zwei Fingern der anderen Hand den Punkt unterhalb der Unterlippe.

Dauer der Übung: 2 Minuten

Passieren dir Fehler beim Abschreiben von der Tafel?

Halte deine Raumknöpfe:

Du berührst mit zwei Fingern der einen Hand das Steißbein. Es befindet sich am unteren Ende der Wirbelsäule. Mit zwei Fingern der anderen Hand berührst du den Punkt oberhalb der Oberlippe.
Die Erdknöpfe und Raumknöpfe kannst du auch sanft massieren.

Dauer der Übung: 2 Minuten

FOLLIS ROTUNDA EST! – **DAS LEDER IST RUND!**

Hast du bisher geglaubt, die alten Römer hätten das Fußballspiel noch nicht gekannt? Die nächsten beiden Seiten werden dir das Gegenteil beweisen! Die Szenen, die du dort siehst, werden dir, sofern du dich selbst manchmal auf dem Fußballplatz herumtreibst, sicher bekannt vorkommen. Die Frage ist nur: Wie heißen die verschiedenen Personen und Gegenstände, die du auf unserem altrömischen Fußballgemälde siehst, auf Lateinisch?

Um dir bei der Lösung dieses Problems zu helfen, findest du auf dieser Seite die wichtigsten lateinischen Fußballbegriffe zusammengestellt. Mit ein bisschen Sprachgefühl wirst du diese Fachausdrücke bzw. die danebenstehenden lateinischen Erklärungen sicher leicht verstehen. Ordne die Ziffern auf der Zeichnung den fett gedruckten Begriffen auf dieser Seite zu!

Zum Einstieg zwei Grundbegriffe, die du kennen solltest, bevor du *medias in res* gehst:

(pedi)follis, -is m. = „(Fuß)Ball"
lusor, lusoris m. = „Spieler"

Und nun zu den anderen Begriffen:

- ☆ ***custos portae*** (Nr. ___ ; deutsch: = ______________): *inter duas postes stat*
- ☆ ***porta*** (Nr. ___ ; deutsch: = ___________): *a custode portae custoditur*
- ☆ ***exercitor lusorum*** (Nr. ___ ; deutsch: = ______________): *manipulo* (*manipulus, i* = „Mannschaft") *consilia dat et lusores commutare potest*
- ☆ ***defensores*** (Nr. ___ ; deutsch: = ______________): *custodem portae adiuvant*
- ☆ ***oppugnatores*** (Nr. ___ ; deutsch: = ______________): *follem per portam iacere student*
- ☆ ***lusores medii*** (Nr. ___ ; deutsch: = ______________): *inter defensores et oppugnatores sunt*
- ☆ ***lusores suppositicii*** (Nr. ___ ; deutsch: = ______________): *extra lineam externam sedent, dum ab exercitore in campum mittuntur*
- ☆ ***arbiter*** (Nr. ___ ; deutsch: = ____________): *pedipiludium regit; iactum undecim metrorum statuere potest si quis poenaliter ludit*
- ☆ ***iudices lineares*** (Nr. ___ ; deutsch: = ______________): *arbitrum mappam mittentes* (*mappam mittere* = „Fahne schwenken") *adiuvant*
- ☆ ***chartula flava*** *aut* ***rubra*** (Nr. ___ ; deutsch: = ______________): *iis lusoribus, qui poenaliter ludunt, ab arbitro monstratur*
- ☆ ***spectatores*** *vel* ***fautores fanatici*** (Nr. ___ ; deutsch: = ____________): *in stadium pedifollii confluere solent, cum ludus agitur*
- ☆ ***cervisia*** (Nr. ___ ; deutsch: = ____________): *quem potum* („Getränk") *et lusores et spectatores saepissime bibunt*

RUBER TAURUS DAT ALAS!
ATER SUS!
VETUS HILLUS!!
XI
VI
CERVISIA
1
6
11
5
10
8

LIDI !
LIDI !!
2
12
3
4
XIV
7
9

DIE SUBSTANTIVA

Die Abwandlung von Substantiven, Eigenschaftswörtern, Fürwörtern und Zahlwörtern (man fasst diese Wortarten unter dem Begriff **Nomen** bzw. **Nomina** zusammen) nennt man **Deklination** („Biegung").
Beim Deklinieren bildet man also die **Fälle** der Nomina. Im Lateinischen gibt es im Unterschied zum Deutschen 6 Fälle:

1. Fall = **Nominativ**	(Frage: **wer**?)
2. Fall = **Genetiv**	(Frage: **wessen**?)
3. Fall = **Dativ**	(Frage: **wem**?)
4. Fall = **Akkusativ**	(Frage: **wen**?/**was**?)
5. Fall = **Vokativ**	(Fall der direkten Anrede)
6. Fall = **Ablativ**	(verschiedene Fragen: **womit**?, **wodurch**?. . .)

(Mehr über die Verwendung dieser Fälle erfährst du auf den Seiten 110–118)

48 Bestimme in den folgenden deutschen Sätzen, mit welchem Fall die **fett gedruckten Ausdrücke** ins Lateinische zu übersetzen sind!

1. **Durch das neue Buch** „Durchstarten in Latein" werde ich bald ein Lateinexperte sein.
2. Man kann **die lateinische Sprache** leichter lernen, als man glaubt.
3. **Die lateinische Sprache** wurde nicht nur in der Antike, sondern auch im Mittelalter und in der Neuzeit gesprochen.
4. **Römische Kinder** wurden häufig von Sklaven unterrichtet.
5. Die Römer bewunderten **die Griechen** wegen ihrer Kultur.
6. **Den vestalischen Jungfrauen** war es nicht erlaubt zu heiraten.
7. **Den Altar** stellten die Römer gewöhnlich vor dem Tempel auf.
8. **Der List** des Odysseus verdankten es die Griechen, dass sie Troja erobern konnten.
9. Venus war die römische Göttin **der Schönheit**.
10. Als Ahnherr **der Römer** gilt Äneas.
11. Auch du, **mein Sohn Brutus**?
12. **Mit Erstaunen** bemerkt der Lehrer, dass Markus die Vokabeln gelernt hat.

Die lateinische Übersetzung von „den Altar" (Satz 7) heißt ***aram***. Was hat ein lateinisches Substantiv im Gegensatz zu einem deutschen nicht?

____

Woran ist folglich der Fall eines lateinischen Substantivs nur zu erkennen?

____

Ob man ein Wort mit dem bestimmten oder unbestimmten Artikel übersetzt, ergibt sich nur aus dem Zusammenhang: *aram* = **den** Altar / **einen** Altar

DIE BILDUNG DER SUBSTANTIVA

Insgesamt gibt es im Lateinischen fünf Deklinationen. Sie sind nach dem **Stammauslaut** benannt, der für jede Deklination verschieden ist:

z. B. *puell**a*** (Stamm endet auf **a**) → **a**-Deklination

An den Stammauslaut treten die **Endungen** für die einzelnen Fälle, die sich ebenfalls zwischen den einzelnen Deklinationen unterscheiden. Du findest sie bei der Besprechung der einzelnen Deklinationen weiter unten angegeben:

z. B. *puella-**m*** = **4. F. Sg.** der a-Deklination

Um zu wissen, zu welcher Deklination ein Substantiv gehört, musst du zum **Nominativ** auch den **Genetiv** mitlernen! (Z. B. *puell**a***, ***-ae*** → a-Deklination, aber *arm**a***, ***-orum*** → o-Deklination.)

Einige **Regeln**, die **für alle Deklinationen** gelten, solltest du dir jetzt schon merken:

- ☆ Der **Vokativ** hat meist dieselbe Form **wie der Nominativ**; eine eigene Form hat er nur bei den maskulinen Wörtern der o-Deklination (siehe Seite 113).
- ☆ Der **4. Fall Neutrum** ist im Lateinischen immer **identisch mit dem 1. Fall**; im 1. / 4. Fall Plural ist die Endung stets ***-a***.
- ☆ **Dativ** und **Ablativ Plural** enden bei allen Deklinationen gleich.

A-DEKLINATION

	amica, -ae f. „Freundin"	
	Singular	Plural
1.F.	*amic**a***	*amic**ae***
2.F.	*amic**ae***	*amic**arum***
3.F.	*amic**ae***	*amic**is***
4.F.	*amic**am***	*amic**as***
5.F.	*amic**a**!*	*amic**ae**!*
6.F.	*cum amic**a***	*cum amic**is***

Für jede Deklinationen gibt es eigene **Geschlechtsregeln**; sie ersparen es dir, für jedes Wort einzeln das Geschlecht zu lernen. Daher ist es wichtig, dass du dir diese Regeln besonders gut einprägst.

Die **Geschlechtsregel für die a-Deklination** lautet:
Die Wörter der a-Deklination sind großteils **feminin**.

Einige **maskuline Ausnahmen** solltest du dir gut merken:

agricola, -ae m. = der Bauer
incola, -ae m. = der Bewohner
nauta, -ae m. = der Seemann, Matrose
poeta, -ae m. = der Dichter

Alle diese angeführten Wörter sind maskulin nach dem **„natürlichen Geschlecht"**, d. h. Bauer, Dichter etc. sind „natürlich" maskulin, weil sie eben Männer sind.

O-DEKLINATION

	Maskulina auf -us, -i	
	amicus, -i m. „Freund"	
	Singular	Plural
1.F.	*amic**us***	*amic**i***
2.F.	*amic**i***	*amic**orum***
3.F.	*amic**o***	*amic**is***
4.F.	*amic**um***	*amic**os***
5.F.	*amic**e**!*	*amic**i**!*
6.F.	*cum amic**o***	*cum amic**is***

	Neutra auf -um, -i	
	verbum,-i n. „Wort"	
	Singular	Plural
1.F.	*verb**um***	*verb**a***
2.F.	*verb-*	*verb-*
3.F.	*verb-*	*verb-*
4.F.	*verb-*	*verb-*
5.F.	*verb**um**!*	*verb**a**!*
6.F.	*verb-*	*verb-*

49 Die neutralen Wörter der o-Deklination wandeln genauso ab wie die maskulinen, wenn man davon absieht, dass für sie dieselben Regeln gelten wie für alle anderen Neutra (siehe Seite 43). Ergänze daher in der Tabelle rechts oben die fehlenden Endungen!

1. In welchem Fall sieht man sowohl bei der a- als auch bei der o-Deklination den reinen Stamm? (Dasselbe gilt übrigens auch für die e- und u-Deklination!)

   ____

2. In welchen Fällen kann man *amica* und *amicus* nicht unterscheiden?

   ____

Neben den Wörtern auf *-us* und *-um* gibt es bei der o-Deklination auch solche auf **-er**: *puer, pueri* („Knabe") bzw. *magister, magistri* („Lehrer").

Worin besteht der Unterschied zwischen den beiden Wörtern? Achte dabei auf den Genetiv!

50 Bestimme Fall, Zahl, Geschlecht und übersetze.
(Achtung: Manche Formen können mehrdeutig sein!)

(*EXEMPLUM: verbi* = 2. F. Sg. von verbum, -i n. = „des Wortes")

1. templi – 2. incolae – 3. imperia – 4. agricola – 5. aedificio – 6. terrarum – 7. populis – 8. filium – 9. templum – 10. deae – 11. populos – 12. arma – 13. viri – 14. filiorum – 15. vir – 16. gloria – 17. consilio – 18. patriam – 19. serve – 20. victorias – 21. in Italia – 22. provinciis – 23. dearum – 24. divitias – 25. gloriam – 26. litterarum – 27. nautae – 28. cura – 29. ad deam

Personen stehen im Ablativ meist mit einer Präposition!
(→ Übersetzungs-Tipp 1, Seite 138)

Um welche Fälle kann es sich daher bei *agricola* bzw. *filiis* nur handeln?

agricola: ____________________ *filiis:* ________________________

51 Setze die folgenden Wörter in denselben Fall der jeweils anderen Zahl (Sg. → Pl., Pl. → Sg.)!

(*EXEMPLUM: dearum* = 2. F. Pl. → 2. F. Sg. = deae)

1. bellum	6. populum	11. poetis
2. anni (2 Mögl.)	7. curis (2 M.)	12. incolas
3. terrae (3 M.)	8. deam	13. magister
4. amice	9. consilia	14. puerorum
5. vir	10. amica	15. verbo

Warum kann *poetis* (Nr. 11) im Gegensatz zu *curis* (Nr. 7) eigentlich nur **ein** Fall sein? (→ Übersetzungs-Tipp 1)

____

Ein Fall für Fall-Spezialisten!

Zum Abschluss der a- und o-Deklination kannst du überprüfen, ob du bei diesen zwei Deklinationen schon sattelfest bist. Bestimme Fall und Zahl und übersetze ins Lateinische:

(*EXEMPLUM: der Länder*	2. F. Plural	terrarum)
1. dem Dichter		
2. das Land (2 Mögl.)		
3. der Sprache (2 Mögl.)		
4. die Römer (2 Mögl.)		
5. der Provinzen		
6. den Männern		
7. des Volkes		
8. den Beschluss		
9. Sklave!		
10. durch den Ruhm		
11. der Tempel (2 Mögl.)		
12. Männer!		

AUSWERTUNG

Für jede richtige Form gibt's 1 Punkt, insgesamt also 16 Punkte.
16–14 Punkte: *Bene!* – Bezüglich deiner Fallkenntnisse ist ein großes Lob fällig!
13–10 Punkte: Fallweise holpert's noch ein wenig bei der Fallbildung!
weniger als 10 Punkte: Viel ist dir zu den Fällen nicht eingefallen – du solltest, ob es dir gefällt oder nicht, zu Seite 44 zurückblättern und nochmals eingehende Fall-Studien betreiben!

U- UND E-DEKLINATION

U-DEKLINATION

	casus, -us m. „Fall“	
	Singular	Plural
1./5. F.	*cas**us***	*cas**us***
2.F.	*cas**us***	*cas**uum***
3.F.	*cas**ui***	*cas**ibus***
4.F.	*cas**um***	*cas**us***
6.F.	*cas**u***	*cas**ibus***

Geschlecht: **maskulin**

Ausnahmen:

feminin: *domus, -us* „Haus“
manus, -us „Hand“
porticus, -us „Säulenhalle“
Idus, -uum „die Iden“
neutral: *cornu, -us* „Horn“

E-DEKLINATION

	res, rei f. „Sache“	
	Singular	Plural
1./5.F.	***res***	***res***
2.F.	***rei***	***rerum***
3.F.	***rei***	***rebus***
4.F.	***rem***	***res***
6.F.	***re***	***rebus***

Geschlecht: **feminin**

Ausnahmen:

maskulin: *dies, -ei* „Tag“
meridies, -ei „Mittag“

52

1. e- und u-Deklination haben in mehreren Fällen dieselben Endungen. In welchen? ______

2. In welchem Fall sieht man bei beiden Deklinationen (wie auch bei a- und o-Deklination) den reinen Stamm? ______

3. Sowohl *casus* als auch *res* sind mehrdeutige Formen. Gib für beide Wörter sämtliche Möglichkeiten an!

casus: ______

res: ______

domus weist in der Deklination einige Besonderheiten auf:

	domus, -us f. „Haus"				
Sg.	*domus*	*domus*	*domui*	*domum*	*dom**o***
Pl.	*domus*	*dom**orum*** = *domuum*	*domibus*	*dom**os***	*domibus*

Merke dir besonders drei Formen, die wie bei Städtenamen (siehe Seite 120) gebildet sind:

domum / domos = „nach Hause"
domi = „zu Hause"
domo = „von zu Hause"

53 Bestimme und übersetze die folgenden Substantiva (Achtung auf mehrdeutige Formen!):

1. exercitus – 2. spei – 3. senatum – 4. fidem – 5. domi – 6. cornus – 7. magistratibus – 8. senatui – 9. Idibus – 10. rebus secundis – 11. domuum – 12. dies – 13. meridie – 14. manum – 15. metu – 16. rei

54 Stelle zu den angegebenen Formen die entsprechenden Formen von *amicus, puella* und *verbum*
(*EXEMPLUM: fidei* = 2. F. Sg.: amici / puellae / verbi)

1. rebus – 2. spem – 3. manui – 4. dierum – 5. senatu

A-/O-/E-/U- – aller guten Dinge sind bereits 4 (Deklinationen)!
Bestimme die folgenden Substantiva und übersetze sie!

(*EXEMPLUM: amice* → o-Deklination; 5. F. Sg. m.; „(o) Freund!")

1. metu	5. periculum	9. rerum
2. oppida	6. domum	10. deas
3. socios	7. fidei	11. liberis
4. puellarum	8. viri	12. manui

AUSWERTUNG
12–10 Punkte: *Optime!*
9–7 Punkte: *Satis*
6–0 Punkte: *Parum!* Als Deklinationskünstler bist du nicht gerade zu bezeichnen: Nochmals zurück zu Seite 44!

„DRITTE" DEKLINATION

Diese Bezeichnung ist der Überbegriff für drei ziemlich ähnliche Deklinationen:

3. Deklination

- konsonantische Deklination
- Mischdeklination
- i-Deklination

Nicht jeder dieser Untergruppen gehören gleich viele Substantiva an. Am besten, du lernst die Endungen der **konsonantischen Deklination**, zu der die meisten Wörter gehören, und prägst dir von den beiden anderen Gruppen nur die Unterschiede ein. Insgesamt überwiegen, wie du sehen wirst, bei weitem die Übereinstimmungen gegenüber den Unterschieden.

Konsonantische Deklination

55 Betrachte die Wörter in der Zeichnung:

Auf den ersten Blick scheinen diese Wörter keinerlei Gemeinsamkeit zu haben. Bilde nun zu jedem dieser Wörter den Genetiv (wenn dir das Wort nicht bekannt ist, nimm das Vokabelverzeichnis auf Seite 162 zu Hilfe!)

lex, Genetiv: ____________ *scelus*, ____________

aetas, ____________ *pastor*, ____________

flumen, ____________ *origo*, ____________

Erst jetzt wird dir wahrscheinlich die Gemeinsamkeit all dieser Wörter auffallen:

Achte beim Vokabellernen besonders auf den **Genetiv**! Er gibt dir viele Informationen:

- ☆ Endet das Substantiv im Genetiv auf ***-is***, weißt du, dass es zur 3. Deklination gehört.
- ☆ Der Genetiv gibt dir, gemeinsam mit dem Nominativ, das **Geschlecht** des Wortes an (die Geschlechtsregeln findest du auf Seite 52).
- ☆ Wenn du vom Genetiv die Endung *-is* weglässt, erhältst du den **Stamm** des jeweiligen Substantivs.

Gib von den sechs oben angeführten Substantiven den Stamm an!

____

Die **Endungen** der konsonantischen Deklination kannst du der Abwandlung des Wortes *mos* entnehmen:

	mos, moris ***m.*** „Sitte"	
	Singular	Plural
1./5.F.	*mos*	*mor-**es***
2.F.	*mor-**is***	*mor-**um***
3.F	*mor-**i***	*mor-**ibus***
4.F.	*mor-**em***	*mor-**es***
6.F.	*mor-**e***	*mor-**ibus***

tempus, temporis ***n.*** „Zeit"	
Singular	Plural
*temp**us***	*tempor-*
tempor-	*tempor-*
tempor-	*tempor-*
*temp**us***	*tempor-*
tempor-	*tempor-*

Die Endungen von *mos* gelten für alle **maskulinen** und **femininen** Substantiva der konsonantischen Deklination.

Bei **neutralen** Wörtern musst du die Regel berücksichtigen, dass **Nominativ und Akkusativ immer identisch** sind (und im Plural auf ***-a*** enden).

56 Ergänze in den rechten zwei Spalten die Formen von *tempus*!

Wie weiß man nun, welches Geschlecht ein Wort der konsonantischen Deklination hat? Es gibt, wie schon gesagt, zum Glück sogenannte **Geschlechtsregeln**, die es dir ersparen, das Geschlecht für jedes Wort extra lernen zu müssen. Hier eine Auswahl der wichtigsten Regeln:

i-Deklination

Wörter, die zur i-Deklination gehören, gibt es nicht viele:

- ☆ **feminine i-Stämme** sind:
  turris, -is („Turm"), *febris, -is* („Fieber"), *sitis, -is* („Durst"), *puppis, -is* („Schiff"), *vis* („Kraft"), *securis, -is* („Beil")
- ☆ **neutrale i-Stämme** sind alle Wörter auf ***-e*** *(mare),* ***-al*** *(animal),* ***-ar***

Am häufigsten von der i-Deklination begegnen dir *mare*, *animal* bzw. *vis*.

57 In den folgenden Tabellen sind nur die von der konsonantischen Deklination abweichenden Formen eingetragen. Ergänze die übrigen selbst!

feminine i-Stämme

	turris, -is f. „Turm"	
	Singular	Plural
1./5.F.	*turr-**is***	*turr-*
2.F.	*turr-*	*turr-**ium***
3.F.	*turr-*	*turr-*
4.F.	*turr-**im***	*turr-*
6.F.	*turr-**i***	*turr-*

neutrale i-Stämme

	mare, maris n. „Meer"	
	Singular	Plural
1./5.F.	*mar-**e***	*mar-**ia***
2.F.	*mar-*	*mar-**ium***
3.F.	*mar-*	*mar-*
4.F.	*mar-**e***	*mar-**ia***
6.F.	*mar-**i***	*mar-*

In welchen Fällen unterscheidet sich die i- von der konsonantischen Deklination? ______________________________

Von ***vis*** („Kraft", „Gewalt") gibt es im Singular nur folgende Formen: 1. F. *vis*, 4. F. *vim*, 6. F. *vi*. Der Plural ist regelmäßig: *vires, virium* . . .

58 Ein Wort, dessen Formen häufig mit denen von *vis* verwechselt werden, ist *vir, viri* („Mann"). Halte daher die folgenden Formen gut auseinander. (Achtung: Eine Form hat sich hineingeschwindelt, die hier gar nichts zu suchen hat – um welche handelt es sich, und was bedeutet sie?)

OTIUM

Mischdeklination

Die Mischdeklination ist, wie der Name sagt, eine Mischung aus konsonantischer und i-Deklination. Zu ihr gehören zwei Gruppen:

1. „Gleichsilbler"

Gleichsilbler nennt man jene Mischstämme, die im **1. und 2. Fall dieselbe Form** haben (nur die oben genannten Wörter wie *turris, febris* etc. gehören zu den i-Stämmen!)

2. zwei Konsonanten am Stammende

Ob ein Wort zu dieser Gruppe gehört, erkennst du, indem du vom Genetiv die Endung *-is* weglässt: z. B. *urbis* minus *-is* = ***urb-***
→ 2 Konsonanten am Stammende

	avis, -is f. „Vogel"	
	Singular	Plural
1./5.F.	*av-**is***	*av-**es***
2.F.	*av-**is***	*av-**ium***
3.F.	*av-**i***	*av-**ibus***
4.F.	*av-**em***	*av-**es***
6.F.	*av-**e***	*av-**ibus***

	urbs, urbis f. „Stadt"	
	Singular	Plural
1./5.F.	*urbs*	*urb-*
2.F.	*urb-*	*urb-*
3.F.	*urb-*	*urb-*
4.F.	*urb-*	*urb-*
6.F.	*urb-*	*urb-*

59 Setze in die rechte Tabelle nach dem Muster der linken die richtigen Endungen ein!
Welche Unterschiede zur konsonantischen Deklination erkennst du hier?

____

Geschlecht:
Die meisten Wörter der Mischdeklination sind **feminin**.

* SEI GEGRÜSST, GROSSVATER MIT DEM VOGEL!

60 Stelle die auf den Papyrusrollen stehenden Adjektiva zum jeweils passenden Substantiv auf der Steintafel und übersetze die Wortgruppe!

regis ______________________ = ______________________

urbem ______________________ = ______________________

fratrum ______________________ = ______________________

origine ______________________ = ______________________

mari ______________________ = ______________________

hominibus ______________________ = ______________________

scelus ______________________ = ______________________

Zusammenfassung 3. Deklination

Wie du gesehen hast, wandeln die drei Untergruppen der 3. Deklination weitgehend gleich ab. Nur in wenigen Fällen bestehen Unterschiede. Trage diese unterschiedlichen Endungen in die Tabelle ein!

	4.F.Sg.m./f.	6.F.Sg.	1./4.F.Pl.n.	2.F.Pl.
Konsonant. Dekl.				
Mischdeklination				
i-Deklination				

61 Bestimme die folgenden Substantiva, gib an, zu welcher Deklination sie gehören (K = konsonantische, I = i-, M = Mischdeklination), und übersetze:

(*EXEMPLUM: regem* = 4. F. Sg. m., K; „den König")

1. corpus
2. sceleri
3. navium
4. viribus
5. turres
6. fratrum
7. voluntate
8. fluminibus
9. mentem
10. legis
11. crudelitas
12. in arce
13. animali
14. dentium
15. mare
16. originis

62 Setze alle Wörter von Übung 61 in die andere Zahl und übersetze sie dann!

(*EXEMPLUM: regem* = 4. F. Sg. → 4. F. Pl. = reges; „die Könige")

ZUSAMMENFASSUNG ZU ALLEN DEKLINATIONEN

63 Bei den Deklinationen, die du jetzt kennen gelernt hast, gibt es einige Endungen, die zwar gleich aussehen, aber je nach Deklination einen anderen Fall bezeichnen und deshalb oft verwechselt werden. Trage zu den in der Tabelle enthaltenen Endungen die entsprechenden Fälle ein!

	o-Deklination	konsonantische Deklination
-i		
-is		

64 Eine häufige Nominativendung ist ***-us***. Zu welcher Deklination ein Wort auf *-us* gehört, sagt dir erst der Genetiv des Wortes. Im Folgenden findest du einige Substantiva auf *-us*, die zu unterschiedlichen Deklinationen gehören. Gib jeweils den Genetiv, das Geschlecht und die Deklination an!

amicus ______________ ________ ________________________

senatus ______________ ________ ________________________

scelus ______________ ________ ________________________

salus ______________ ________ ________________________

65 Auch die Endung ***-e*** kann mehrere Bedeutung haben, da sie nicht nur bei den Substantiven, sondern auch bei den Verben vorkommt. Bestimme und übersetze die folgenden Formen:

1. aetate = Form: ________________ Übersetzung: ________________
2. serve = ________________ ________________
3. meridie = ________________ ________________
4. lege = a) ________________ ________________
   b) ________________ ________________
5. doce = ________________ ________________
6. duce = ________________ ________________
7. cantate = ________________ ________________
8. saepe = ________________ ________________
9. mare = ________________ ________________

66 Bestimme und übersetze die folgenden Formen:

(*EXEMPLUM: fratrum* = 2. F. Pl. m. von frater, fratris, „der Brüder“)

1. vires
2. verbum
3. dominum
4. scelerum
5. servi
6. urbi
7. legi
8. socii
9. regum
10. regnum
11. arma
12. fortuna
13. poeta
14. spei
15. operi
16. domus
17. salus
18. res
19. die
20. exercituum
21. amice
22. mori
23. morti
24. filiae

67 Du hast bei den einzelnen Deklinationen eine ganze Reihe von Geschlechtsregeln kennen gelernt. Gib zu den folgenden Substantiva jeweils die Deklination und das Geschlecht an – auch wenn dir das eine oder andere Wort noch nie untergekommen sein sollte!

(*EXEMPLUM: mors, mortis* → Mischdeklination (Grund: der Stamm endet auf zwei Konsonanten), feminin)

1. arx, arcis
2. acies, aciei
3. lacus, lacus
4. incendium, incendii
5. navis, navis
6. opus, operis
7. senator, senatoris
8. cupido, cupidinis
9. voluptas, voluptatis
10. arma, armorum
11. turris, turris
12. mare, maris
13. incola, incolae
14. domus, domus
15. fides, fidei
16. agmen, agminis
17. animal, animalis
18. mens, mentis
19. virtus, virtutis
20. divitiae, -arum

*SOLANGE ICH ATME, HABE ICH HOFFNUNG! – AUTSCH!!

Kleine Ursache, große Wirkung!

Wie du ja schon weißt, muss man bei den lateinischen Formen ziemlich genau sein – ein einziger unterschiedlicher Buchstabe kann aus einem Substantiv schon einmal ein Verbum machen (vgl. z. B. *serve* = „Sklave!“, aber *serva* = „rette!“). Im Folgenden findest du eine Reihe solcher verwechslungsgefährdeter Wörter. Deine Aufgabe ist es, die richtige Übersetzung für das lateinische Wort herauszufinden und zu unterstreichen!

1. librorum	der Bücher	der Kinder
2. pastori	dem Hirten	die Hirten
3. verbi	die Wörter	des Wortes
4. moribus	die Krankheit	durch die Sitten
5. labore	arbeite!	durch die Arbeit
6. puerum	den Knaben	der Knabe
7. pastorum	der Hirten	den Hirten
8. rei	der Sache	die Sachen
9. casui	dem Fall	der Fälle
10. labores	die Arbeiten	du arbeitest
11. pastores	dem Hirten	die Hirten
12. dies	die Götter	die Tage
13. libro	dem Buch	ich befreie
14. domi	dem Haus	zu Hause
15. matres	die Mütter	der Mutter
16. amoris	der Liebe	du wirst geliebt
17. domum	der Häuser	nach Hause
18. liberi	die Kinder	die Bücher
19. regum	der Könige	das Königreich
20. amore	zu lieben	durch die Liebe

AUSWERTUNG

20–18 richtig: *Optime* – dir kann man kein X für ein U vormachen!

17–13: *Satis*, auch wenn du noch nicht restlos „verwechslungsresistent“ bist!

weniger als 13: *Parum!* Deine Genauigkeit bei der Formenbestimmung ist durchaus noch verbesserungswürdig – arbeite das gesamte Kapitel über die Deklinationen noch einmal genau durch!

68 Als Fleißaufgabe kannst du jetzt noch alle nicht unterstrichenen Formen des Tests von Seite 59 ins Lateinische übersetzen. Die Lösungen findest du im Lösungsheft!

69 Um zu überprüfen, ob du wirklich schon sattelfest bei den Substantiva bist, abschließend ein kleines Rätsel:
In den folgenden Dreiergruppen passt jeweils ein Wort nicht dazu:

1	temporis	pacis	umbris
2	scelere	legere	more
3	vocas	vocis	voces
4	domus	viribus	tempus
5	libros	honos	mos

Das Lösungswort findest du, indem du folgende Buchstaben aneinander reihst:

☆ den dritten Buchstaben des ersten Lösungswortes: _______

☆ den vorletzten des zweiten Lösungswortes: _______

☆ den vierten des dritten Lösungswortes: _______

☆ den ersten des vierten Lösungswortes: _______

☆ den vorletzten des fünften Lösungswortes: _______

DES RÄTSELS LÖSUNG LAUTET:

ERRARE HUMANUM EST!

An diesem Sprichwort haben sich schon viele Schülergenerationen orientiert. Im Folgenden findest du eine Reihe von lateinischen Sätzen, die von Schülern bei irgendeiner Gelegenheit falsch übersetzt wurden. Die jeweilige Falschübersetzung steht neben dem lateinischen Satz. Deine Aufgabe ist es, den Fehler herauszufinden und den Satz richtig zu übersetzen!

1. *Caesar Idibus Martiis necatus est:*
„Caesar wurde wegen seiner Ideen im März getötet."

FEHLER: ______________________________

RICHTIGE ÜBERSETZUNG: ______________________________

2. *Nonis Septembribus in urbem remigraverunt:*
„Die Nonnen kehrten im September in die Stadt zurück."

FEHLER: ______________________________

RICHTIGE ÜBERSETZUNG: ______________________________

3. (Über das Publikum in den römischen Amphitheatern:)
Etiam homines ordinis senatorii ibi videntur:
„Auch Männer des Sanatorienstandes sieht man dort."

FEHLER: ______________________________

RICHTIGE ÜBERSETZUNG: ______________________________

4. (Über das Verhalten der Bevölkerung beim Brand Roms unter Kaiser Nero:)
. . . alii temeritate (*temeritas, -atis* „Unbesonnenheit") *vera pericula augent:*
„. . . andere vermehrten sich wahrhaft gefährlich unbesonnen."

FEHLER: ______________________________

RICHTIGE ÜBERSETZUNG: ______________________________

5. *Ubi nautae Neapoli naves paraverunt, puppes litore solverunt:*
„Sobald die Matrosen Napoleons die Schiffe seeklar gemacht hatten, segelten sie ab."

FEHLER: ______________________________

RICHTIGE ÜBERSETZUNG: ______________________________

GEHIRNKNÖPFE

Schon ein wenig müde vom letzten Kapitel?

Da wollen wir mal deine Gehirntätigkeit wieder auf Vordermann bringen. Man könnte auch aktivieren dazu sagen:
Du berührst mit zwei Fingern der linken Hand den Nabel. Den Daumen der anderen Hand legst du in das rechte Grübchen unterhalb deines Schlüsselbeins. Mit Zeige- und Mittelfinger berührst du das linke Grübchen. Nun massierst du mit leichtem Druck alle drei Stellen gleichzeitig. Nach etwa einer Minute wechselst du die Hände. Nun reiben die Finger der rechten Hand den Nabel, die linke Hand befindet sich beim Schlüsselbein.

Dauer der Übung: 2 Minuten

DIE ADJEKTIVA

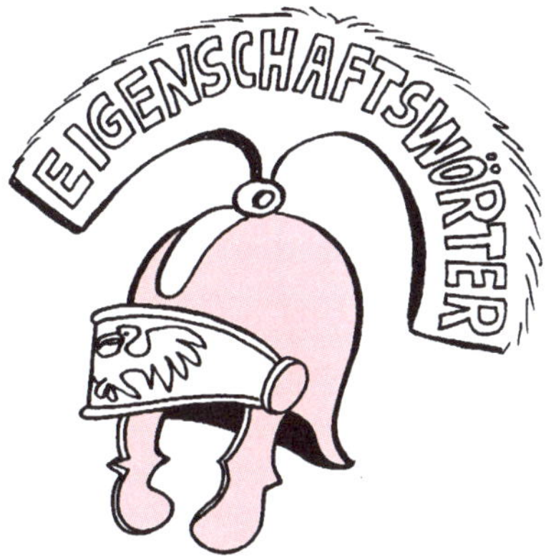

Im Lateinischen gibt es zwei Gruppen von Adjektiven:

Adjektiva der a-/o-Deklination	Adjektiva der 3. Deklination
☆ auf *-us, -a, um* ☆ auf *-er, -(e)ra, -(e)rum*	☆ i-Stämme ☆ Konsonantenstämme

Adjektiva der a-/o-Deklination

70 Diese Adjektiva weisen dieselben Formen wie *amicus, amica* bzw. *verbum* auf. Zur Wiederholung dieser Deklinationen ergänze die fehlenden Formen in der Tabelle (im Zweifel wirf einen Blick zurück auf die Seiten 44 und 45!)

	bonus, bona, bonum „gut"					
	Singular			Plural		
	masculinum	femininum	neutrum	masculinum	femininum	neutrum
1.F.	*bon-**us***	*bon-**a***	*bon-**um***	*bon-**i***	*bon-**ae***	*bon-**a***
2.F.	*bon-*	*bon-*	*bon-*	*bon-*	*bon-*	*bon-*
3.F.	*bon-*	*bon-*	*bon-*	*bon-*	*bon-*	*bon-*
4.F.	*bon-*	*bon-*	*bon-*	*bon-*	*bon-*	*bon-*
5.F.	*bon-*	*bon-*	*bon-*	*bon-*	*bon-*	*bon-*
6.F.	*bon-*	*bon-*	*bon-*	*bon-*	*bon-*	*bon-*

Auch hier gibt es – wie bei den Substantiven (siehe Seite 45) – Wörter, die im 1. F. Sg. m. auf ***-er*** enden; sie deklinieren, abgesehen vom maskulinen Nominativ *-er*, wie *bonus, -a, -um*:

liber, libera, liberum („frei") → behält das *e* (vgl. *puer, pueri*)
pulcher, pulchra, pulchrum („schön") → verliert das *e* (vgl. *magister*)

71 Bestimme und übersetze die folgenden Wortgruppen:

72 Übersetze die folgenden Wortgruppen:

1. illa littera
2. in terras extremas
3. in terra nostra
4. illae divitiae
5. poetam clarum
6. multas fabulas
7. templorum pulchrorum
8. aedificia nova
9. templi sacri
10. fluvios maximos
11. pauca oppida
12. bonae dominae
13. duos libertos
14. liberorum multorum
15. librorum multorum
16. oppidi magni
17. multis viris
18. magnis curis

73 Übersetze ins Lateinische:

1. der berühmte Mann
2. des hohen Gebäudes
3. viele Inseln
4. auf vielen Feldern
5. dem schönen Landhaus
6. der guten Freunde
7. der guten Freundin
8. den römischen Gott
9. die römische Göttin
10. wenige Völker
11. durch die gute Mahlzeit
12. dem griechischen Mann

OTIUM

Adjektiva der 3. Deklination

Die meisten Adjektiva dieser Gruppe deklinieren wie **i-Stämme**, sieht man vom Akkusativ Sg. masc. und fem. ab, der auf ***-em*** endet:

Wie müsste der Akkusativ nach der i-Deklination eigentlich enden? ____

74 Fülle die Tabelle aus! (Im Zweifel kannst du einen Blick zurück zur i-Deklination auf Seite 53 machen!)

	omnis, -e „jeder", Plural: „alle"					
	Singular			Plural		
	masculinum	femininum	neutrum	masculinum	femininum	neutrum
1./5.F.	*omn-**is***	*omn-**is***	*omn-**e***	*omn-*	*omn-*	*omn-*
2.F.	*omn-is*	*omn-*	*omn-*	*omn-*	*omn-*	*omn-*
3.F.	*omn-*	*omn-*	*omn-*	*omn-*	*omn-*	*omn-*
4.F.	*omn-**em***	*omn-**em***	*omn-**e***	*omn-*	*omn-*	*omn-*
6.F.	*omn-*	*omn-*	*omn-*	*omn-*	*omn-*	*omn-*

Insgesamt gibt es drei verschiedene Gruppen von Adjektiven, die so abwandeln wie *omnis.* Sie unterscheiden sich nur durch den Nominativ Sg.:

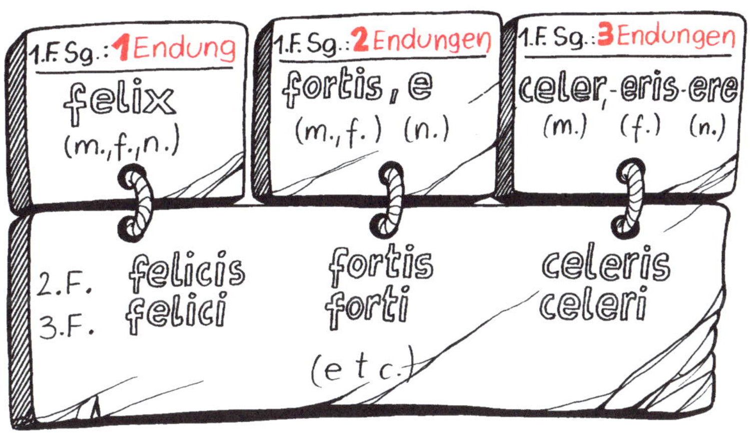

75 Den **Stamm** findet man bei diesen Adjektiva wie bei den Substantiva der 3. Deklination. Gib ihn für alle drei Wörter an!

____

Einige wenige Adjektiva deklinieren wie **Konsonantenstämme**. Es reicht, wenn du dir vier von ihnen merkst:

dives, divitis	„reich"
pauper, pauperis	„arm"
vetus, veteris	„alt"
victor, victoris	„siegreich"

76 Diese Konsonantenstämme unterscheiden sich von den i-Stämmen (z. B. *omnis*) nur in drei Fällen. Trage ihre Endungen in die Tabelle ein und merke sie dir gut:

	6. Fall Singular	1./4. Fall Plural, neutrum	2. Fall Plural
omnis (i-Stamm)	*omn-*	*omn-*	*omn-*
vetus (Kons.Stamm)	*veter-*	*veter-*	*veter-*

Zum **Ablativ Sg.** von Substantiva und Adjektiva **der 3. Deklination** merke dir folgende Faustregel:

> Bei der 3. Deklination haben im **6. F. Sg.**:
>
> ☆ **Substantiva** meist ***-e*** (Ausnahmen: i-Stämme)
>
> ☆ **Adjektiva** meist ***-i*** (Ausnahmen: *dives, pauper, vetus, victor*)

77 Gib zu jedem Adjektiv und Substantiv an, welcher Deklination es angehört (K = konsonantische, M = Misch-, I = i-Deklination), und bilde jeweils Ablativ Singular und Genetiv Plural dieser Wortgruppen:

Nominativ Singular		Ablativ Singular	Genetiv Plural
mos (K)	vetus (K)	more vetere	morum veterum
urbs ( )	dives ( )		
mare ( )	omne ( )		
arbor ( )	ingens ( )		
scelus ( )	crudele ( )		
origo ( )	vetus ( )		
homo ( )	fortis ( )		

Die Übereinstimmung eines Adjektivs

Ein Adjektiv ist – sofern es nicht hauptwörtlich gebraucht ist (siehe Seite 69) – mit einem Substantiv in **Fall**, **Zahl** und **Geschlecht** übereingestimmt.

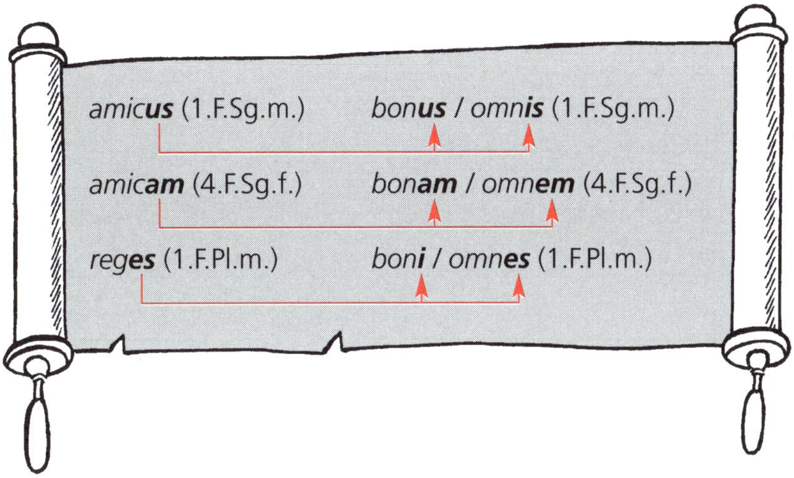

78 Dekliniere *amicus omnis, rex bonus* und *vir dives*!

79 Stimme mit den folgenden Substantiven das in Klammer stehende Adjektiv überein und übersetze dann die Wortgruppe.
Tipp: Bevor du ein Adjektiv mit einem Substantiv übereinstimmst, musst du Fall, Zahl und Geschlecht des Substantivs bestimmen!

1. exercitum (Romanus)
2. diem (proximus)
3. fide (similis)
4. rerum (publicus)
5. urbs (antiquus)
6. templi (vetus)
7. domui (noster)
8. in senatu (Romanus)
9. manus (meus)
10. spei (summus)
11. voce (magnus)
12. viro (nobilis)

80 Überlege, auf welche der angeführten Substantiva sich die Adjektivformen beziehen können!

OTIUM

filii, domum, scelus, vir, vires, poetarum	*magnam, magnus, magnum, magnas, magni, magnorum*
domus, templum, fratres, opinionem, casuum, re	*simile, similes, similem, similium, similis, simili*

81 Bestimme die folgenden Adjektiva und gib an, ob die Formen nur einen oder mehrere verschiedene Fälle bezeichnen können!

(EXEMPLUM: mali [a-/o-D.] = 2. F. Sg. m. + n. oder 1. F. Pl. m.*)*

1. constanti – 2. veteri – 3. bono – 4. simile – 5. vetere – 6. gravibus – 7. facilis – 8. novis – 9. longum – 10. crudelium – 11. pulchra

82 Ordne die Adjektiva den Substantiva zu und übersetze die auf diese Weise entstehenden Wortgruppen:

laetos, magnus, irato, publicis, pulcher, clarum, Romanorum, sacram, publica

1. aedificia ____________ = ____________________
2. amicos ____________ = ____________________
3. metus ____________ = ____________________
4. dies ____________ = ____________________
5. a deo ____________ = ____________________
6. per viam ____________ = ____________________
7. in rebus ____________ = ____________________
8. templum ____________ = ____________________
9. magistratuum ____________ = ____________________

83 Setze bei den folgenden Adjektiven die richtigen Endungen ein! Die Endbuchstaben ergeben die Lösung (es handelt sich um den Vater von Romulus und Remus).

1. Akk. Sg. m.: veter____
2. Abl. Sg. f.: pulch____
3. Nom. Sg. m.: lib___
4. Gen. Sg.: facil___

LÖSUNG: [.] [.] [.] [.] MACHT MOBIL!

Adjektiva als Substantiva

Ein Adjektiv kann im Lateinischen – ebenso wie im Deutschen – auch alleine stehen, d. h. wie ein Substantiv verwendet sein, z. B.:

boni = „die Guten“

Was heißt: *malum* – *crudeles* – *divites*?

> Steht ein substantiviertes Adjektiv im **Neutrum Plural**, muss es im Deutschen mit dem **Singular** wiedergegeben werden (→ ÜS-TIPP 9):

bona (1./4. F. **Pl.** n.) = das Gute (1./4. F. **Sg.** n.)

cetera (**Pl.**) = das Übrige (**Sg.**)

Dem entsprechend musst du auch das **Prädikat** eines Satzes, in dem ein solches Adjektiv Subjekt ist, mit dem Singular übersetzen:

Pulchra mihi placent (**Pl.**) = das Schöne gefällt (**Sg.**) mir

84 Übersetze:

1. *Cuncta, quae dixisti, vera sunt.* ______________________
2. *Pulchra nos semper delectant.* ______________________

Wie steht es um deine Form(en)?

Übersetze die folgenden Wortgruppen – für jede richtige gibt's 1 Punkt (max. 18 Punkte)

1. templa pulchra
2. servorum multorum
3. rebus publicis
4. carminis clari
5. domus pulchrae
6. fratris aegri
7. puellas omnes
8. viris fortibus
9. viribus summis
10. febri gravi
11. mare altum
12. agricolae veteres
13. scelus crudele
14. domui novae
15. magistratuum summorum
16. cum matre cara
17. corpus magnum
18. virtute summa

AUSWERTUNG

18–15 Punkte: *Optime!* – Du bist schon so gut wie formvollendet!
14–10 Punkte: Nicht schlecht, aber auch nicht wirklich gut!
9–0 Punkte: *Parum!* Leider bist du noch im absoluten Formentief! Es wäre daher doch besser, wenn du noch einmal mit Seite 63 beginnst!

Der KOMPARATIV (Mehrstufe)

Den Komparativ erkennst du bei den Adjektiven aller Deklinationen an den Buchstaben ***-ior***, die an den Stamm des Adjektivs angefügt sind (nur im 1./4. F. Sg. n. lautet die Endung ***-ius***). An den Stamm + *-ior-* treten noch die Endungen der **konsonantischen Deklination** (siehe Seite 51).

85 Ergänze die fehlenden Endungen!

	carior, carius „lieber", „teurer"			
	Singular		Plural	
	masculinum + femininum	neutrum	masculinum + femininum	neutrum
1./5.F.	*car**ior***	*car**ius***	*car**ior**-*	*car**ior**-*
2.F.	*car**ior**-*	*car**ior**-*	*car**ior**-*	*car**ior**-*
3.F.	*car**ior**-*	*car**ior**-*	*car**ior**-*	*car**ior**-*
4.F.	*car**ior**-*	*car**ius***	*car**ior**-*	*car**ior**-*
6.F.	*car**ior**-*	*car**ior**-*	*car**ior**-*	*car**ior**-*

Übersetzung des Komparativs:

☆ als **echter Komparativ** (wenn ein Vergleich gezogen wird):

Iulia pulchrior est quam Claudia = Julia ist **hübscher** als Claudia

Statt *quam* kann auch der sog. Ablativ des Vergleichs (siehe Seite 114) verwendet werden: *Iulia pulchrior Claudia* (Abl.) *est*.

☆ mit **„ziemlich"** / **„(all)zu"** (wenn kein Vergleich vorhanden ist):

Iulia puella pulchrior est = Julia ist ein **ziemlich hübsches** Mädchen

86 Ergänze die richtige Komparativendung und übersetze auf zwei Arten:

1. duci nobiliori = ______________________
2. milites fort________ = ______________________
3. in via long________ = ______________________
4. laboribus diffici______ = ______________________
5. aedificium pulchr____ = ______________________

Der SUPERLATIV (Meiststufe)

Wenn du je in Italien warst, hast du sicher oft Ausdrücke wie „benissimo", „bellissima" etc. gehört. Auch im Lateinischen ist ***-issimus*** das Zeichen für den Superlativ. Allerdings gibt es auch andere Superlativbildungen:

- ☆ Superlativ auf ***-issimus***: im „Normalfall":
  z. B. *carissimus, fortissimus, felicissimus*
- ☆ Bildung auf ***-errimus***: bei allen Adjektiven, deren Grundstufe auf *-er* endet;
  z. B. *miserrimus, pulcherrimus, pauperrimus*
- ☆ Bildung auf ***-illimus***: bei *similis* (ähnlich), *dissimilis* (unähnlich), *facilis* (leicht), *dissimilis* (unähnlich), *humilis* (niedrig);
  z. B.: *simillimus, facillimus . . .*

Der Superlativ wandelt, unabhängig davon, zu welcher Deklination das Adjektiv in der Grundstufe gehört, nach der **a-/o-Deklination** ab.
Also: 1. F. *carissimus, -a, -um*; 2. F. *carissimi, -ae, -i* (etc.)

Übersetzung des Superlativs:

☆ als **echter Superlativ** (bei Vergleichen):

Iulia puella pulcherrima est = Julia ist das **hübscheste** Mädchen

☆ mit **„sehr"** / **„äußerst"** / **„überaus"** (wenn kein Vergleich da ist):

Iulia puella pulcherrima est = Julia ist ein **sehr hübsches** Mädchen

87 Ergänze die richtige Superlativendung und übersetze auf zwei Arten:

1. febri gravissima = ______________________
2. militum crudel______ = ______________________
3. uxorem pulch______ = ______________________
4. domum antiqu______ = ______________________
5. fratribus simil______ = ______________________
6. iter long______ = ______________________
7. urbs celeb______ = ______________________
8. laboris difficil______ = ______________________

Die unregelmäßige Steigerung – kein Grund zum Pessimismus!

Wie im Deutschen gibt es auch im Lateinischen einige Adjektiva, die unregelmäßig steigern. Da es sich bei ihnen um Wörter handelt, die sehr häufig vorkommen, solltest du sie aus dem Effeff können:

Grundstufe	Komparativ	Superlativ
bonus 3 (gut)	*melior, melius*	*optimus 3*
malus 3 (schlecht)	*peior, peius*	*pessimus 3*
magnus 3 (groß)	*maior, maius*	*maximus 3*
parvus 3 (klein)	*minor, minus*	*minimus 3*
multi, -ae, -a (viele)	*plures, plura*	*plurimi, -ae, -a*
multum (viel)	*plus*	*plurimum*

88 Viele dieser unregelmäßigen Steigerungsformen haben sich in Form von Fremdwörtern erhalten. Mit ihrer Hilfe kannst du dir die lateinischen Formen besser merken. Erkläre daher die folgenden Begriffe und gib an, von welchem lateinischen Wort sie sich ableiten!

1. optimal: = am besten → von optimus „der Beste“
2. Pessimist: ____________ → von ____________
3. maximal: ____________ → von ____________
4. Minimum: ____________ → von ____________
5. Plural: ____________ → von ____________
6. minus: ____________ → von ____________
7. Major: ____________ → von ____________

89 Ordne in die drei Spalten:

melius – varius – maximam – nobile – plus – rarissimus – gravis – maiora – facilem – similibus – simillimus – minoris – plurimos – magnos – minimo – feliciorem – peiorem – optima

90 Der Fehler lauert im Detail!

Auf ersten Blick werden dir die meisten der folgenden Steigerungsformen richtig erscheinen. Trotzdem haben sich gar nicht so wenige darunter geschwindelt, die nicht zu dem davor stehenden Substantiv passen – finde sie heraus und korrigiere den Fehler!

1. viros plurimos
2. domus minus
3. villa minor
4. puella pulchriora
5. arte maximo
6. turrim altissimam
7. sceleris pessimis
8. filius peius
9. servi meliori
10. templum antiquissimum
11. morum optimum
12. spei minimae

91 Setze die folgenden Komparative und Superlative in den Text ein und übersetze!

(Formen: *pulcherrimis – maximo – plura – prioribus – clarior*)

Roma MM annis ante _______________ erat quam ceterae urbes. Quamquam ____________ temporibus nonnumquam alii populi velut Galli urbem oppugnaverant, Roma post ____________ bella caput totius mundi erat. Aetate Neronis nonnullae partes urbis incendio __________ vastatae sunt, sed paulo post urbs ab imperatore ________________ viis, hortis, templis ornata est.

Bist du noch steigerungsfähig?

Bilde die beiden Steigerungsformen und übersetze (je richtiger Form 1 Punkt, insgesamt max. 16 Punkte):

1. templum pulchrum	pulchrius	pulcherrimum
2. mos malus	____________	____________
3. genus clarum	____________	____________
4. virtus magna	____________	____________
5. multis gentibus	____________	____________
6. amicum bonum	____________	____________
7. spei magnae (2. F.)	____________	____________
8. plebs misera	____________	____________
9. a viro iusto	____________	____________

AUSWERTUNG

16–14 Punkte: Man kann über deine Leistung nur in Superlativen sprechen!
13–9 Punkte: Genügend, aber bei weitem nicht das Maximum!
8–0 Punkte: *Parum!* Du dürftest die letzten Seiten eher minimalistisch behandelt haben – zurück zu Seite 71!

ADVERBIUM

UMSTANDSWORT

Ein Adverb bestimmt, wie der Name sagt (*ad verbum* = „zum Verb"), ein Zeitwort näher; es steht auf die Frage **„Auf welche Weise?"**.
Es kann nicht dekliniert werden.

Während das Adverb im Deutschen formengleich mit dem Adjektiv ist, gibt es im Lateinischen für das Adverb eigene Formen.

Die Endungen lauten:

☆ **in der Grundstufe:**

-e	(bei Adjektiva der a-/o-Deklination):	*certus* →	*cert-*	**e**	→ („sicher")
-iter	(bei Adjektiva der 3. Deklination):	*fortis* →	*fort-*	***iter***	→ („tapfer")
		felix →	*felic-*	***iter***	→ („glücklich")
		celer →	*celer-*	***iter***	→ („schnell")
-nter	(bei Adjektiva auf *-ns*):	*prudens* →	*pruden-*	**ter**	→ („klug")

☆ **im Komparativ:**

-ius (bei allen Adjektiva):	*cert-*	***ius***	→ („sicherer")
	fort-	***ius***	→ („tapferer")
	prudent-	***ius***	→ („klüger")

☆ **im Superlativ:**

-e (bei allen Adjektiva):	*certissim-*	**e**	→ („am sichersten")
	celerrim-	**e**	→ („am schnellsten")
	prudentissim-	**e**	→ („am klügsten")

92

1. Das Adverb „gut" heißt lateinisch *bene*. Wie müsste es eigentlich heißen?

____

2. Mit welcher anderen Form des Komparativs kann man das Adverb des Komparativs verwechseln?

____

ADVERB ODER ADJEKTIV?

☆ Das **Deutsche** macht in den folgenden zwei Sätzen keinen Unterschied zwischen Adjektiv und Adverb: Der Knabe lernt fleißig. (Adverb) Der Knabe ist fleißig. (Adverb)

☆ Im **Lateinischen** heißen die beiden Sätze jedoch: *Puer diligenter discit.* (Adverb) *Puer diligens est.* (Adjektiv)

Im Lateinischen steht also **bei *esse* kein Adverb**, sondern das Adjektiv!

(Vgl. das **Englische**: The boy learns diligently. (Adverb) The boy is diligent.) (Adjektiv)

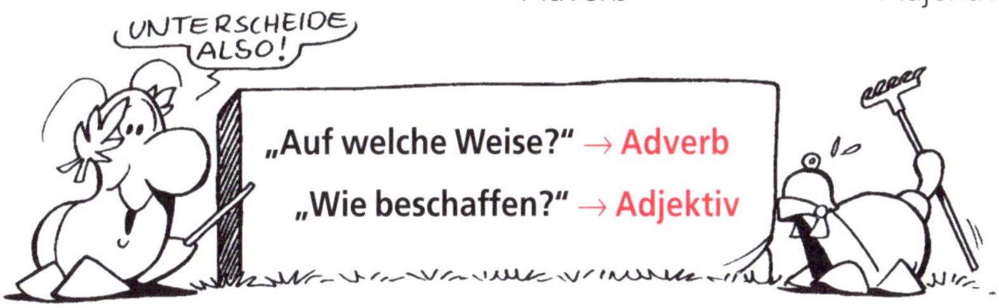

93 Setze in die folgenden Sätze die richtige Form (Adjektiv oder Adverb) ein und übersetze dann:

1. Troiani urbem decem annos________________ (egregius) defendebant.
2. Graeci semper hospites ______________________ (egregius) erant.
3. Oppidum _______________ (bonus) munitum erat.
4. Romani opinione sua ceteros populos _________ (iustus) tractare solebant.
5. Romani se dominos _________ (iustus) putabant.
6. Iulia vocabula _________________ (diligens) discit.
7. Iulia et Claudia puellae________________ (diligens) sunt.
8. Circus Maximus e Palatio________________ (optimus) cerni potuit.
9. Multi milites in pugna______________ (gravis) laesi sunt.
10. Opinione multorum Gallorum Cantorix _____________ (horridus) cantat.
11. Amicus meus, cui nomen Felix est, plerumque ______________ (felix) est et _______________ (felix) vivit.

94 Übersetze die folgenden Adverbia ins Lateinische:

1. besser
2. ähnlich
3. am schlechtesten
4. richtig
5. gut
6. schlecht
7. zu kurz
8. schlechter
9. weniger
10. ziemlich tapfer
11. zu schnell
12. sicher
13. am standhaftesten
14. elend
15. heftiger
16. schön
17. am schönsten
18. sehr gerecht

TEST

Noch Umstände mit dem Umstandswort?
Bilde nach dem Muster der ersten Zeile zu den Adjektiva das Adverb in Grundstufe, Komparativ und Superlativ. Für jede richtige Form gibt es 1 Punkt (max. 18 Punkte).

Adjektiv	Adverb		
felix	feliciter	felicius	felicissime
miser			
fortis			
beatus			
constans			
celer			
malus			
	Grundstufe	Komparativ	Superlativ

AUSWERTUNG
18–15 Punkte: Du hast dir **ein** Umstandswort wirklich verdient: *Optime!*
14–10 Punkte: Unter Umständen könnte es noch besser sein, aber jedenfalls ausreichend.
9–0 Punkte: *Parum!* – Offensichtlich war es dir bis jetzt zu umständlich, dich ausführlich mit dem Umstandswort auseinander zu setzen, daher umständehalber zurück zu Seite 76!

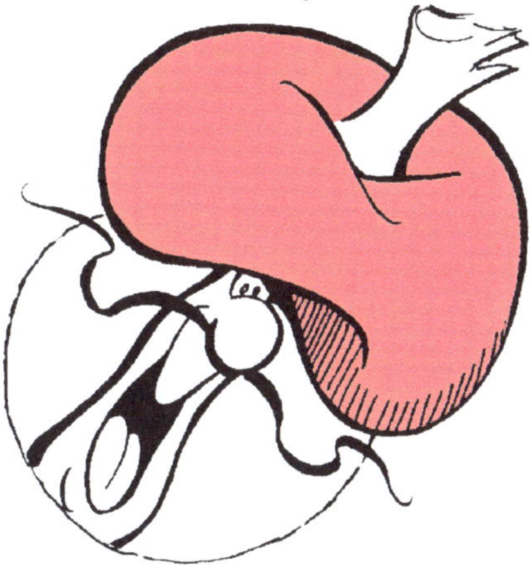

DENKMÜTZE

Hast du Schwierigkeiten, in der Schule gut hinzuhören und alles zu verstehen?

Die Denkmütze ist besonders vor Unterrichtsbeginn nützlich: Entfalte sanft deine Ohren. Beginne oben und massiere am Ohrrand entlang nach unten. Ziehe sanft an den Ohrläppchen. Wiederhole diese Bewegung von oben nach unten 10-mal. Wenn du gähnen musst, öffne dabei bitte den Mund so weit du kannst.

Wiederholung der Übung: 10-mal

DIE PRONOMINA

Viele der Fürwörter, die dir auf den nächsten Seiten begegnen werden, deklinieren im Großen und Ganzen nach der a-/o-Deklination, haben aber im Genetiv und Dativ Singular charakteristische Abweichungen:

2. F. Sg. m./f./n.: ***-ius***
3. F. Sg. m./.f./n.: ***-i***

Diese sogenannte **pronominale Deklination** findest du übrigens auch bei mehreren sogenannten Pronominaladjektiven:

solus 3 = „allein“	***unus 3*** = „ein“, „einzig“
totus 3 = „ganz“	***alter 3*** = „der andere“
ullus 3 = „irgendein“	***nullus 3*** = „kein“

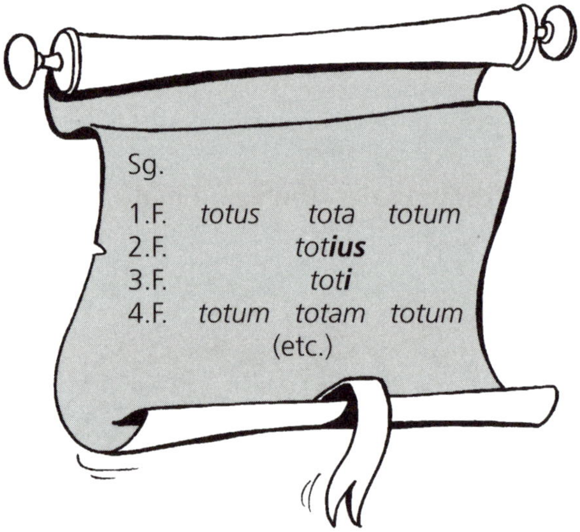

95 Stimme die in Klammer stehenden Pronominaladjektiva mit den Substantiva überein und übersetze:

1. viro (ullus) – 2. pueri (unus) – 3. fratris (alter) – 4. homini (nullus) – 5. amicae (solus, 2 Möglichkeiten) – 6. amico (unus, 2 Möglichkeiten) – 7. oppidi (totus)

INTERROGATIVPRONOMINA

Im Lateinischen unterscheidet man – genauso wie im Deutschen – zwei verschiedene Fragefürwörter:

Das substantivische Interrogativpronomen – WER oder WAS ist das?

Zunächst einmal: Substantivisch heißt „ein Substantiv ersetzend" – das Pronomen steht also – wie eben ein Substantiv – **alleine** (d. h., es ist mit keinem anderen Wort übereingestimmt).
Führen wir uns nun die Abwandlung von *quis / quid* zu Gemüte:

1.F.	*quis? quid?*	wer?, was?
2.F.	*cuius?*	wessen?
3.F.	*cui?*	wem?
4.F.	*quem? quid?*	wen?, was?
6.F.	*a quo?* *quocum?*	von wem? mit wem?

96 Setze in die folgenden Sätze den richtigen Fall des substantivischen Fragepronomens ein und übersetze:

1. ________ timet lupum malum? = ______________________________
2. ________ Iuppiter ignotus est? = ______________________________
3. ________ Romani dis sacrificare solebant? = ______________________
4. ________ heri tam diu in silva ambulavisti? = _____________________
5. ________ cras visitabis? = ___________________________________
6. ________ Romani victi sunt? = ______________________________

Das adjektivische Fragepronomen – WELCHES ist das?

Adjektivisch heißt „ein Substantiv begleitend" – das Pronomen ist wie ein Adjektiv mit dem Substantiv übereingestimmt, d. h., es kann **nicht alleine** stehen (z. B. „Welcher Mann?"). Dementsprechend gibt es beim adjektivischen Fragepronomen in jedem Fall **drei Endungen** für die drei Geschlechter:

	m.	f.	n.
Sg. 1./5.	*qui*	*quae*	*quod*
2.		*cuius*	
3.		*cui*	
4.	*quem*	*quam*	*quod*
6.	*quo**	*qua**	*quo**

	m.	f.	n.
Pl. 1./5.	*qui*	*quae*	*quae*
2.	*quorum*	*quarum*	*quorum*
3.		*quibus*	
4.	*quos*	*quas*	*quae*
6.		*quibus**	

* Diese Formen verbinden sich mit der Präposition ***cum*** zu *quocum, quacum* bzw. *quibuscum* (vgl. *quis*)

Übersetzung: „welcher", „welche", „welches"

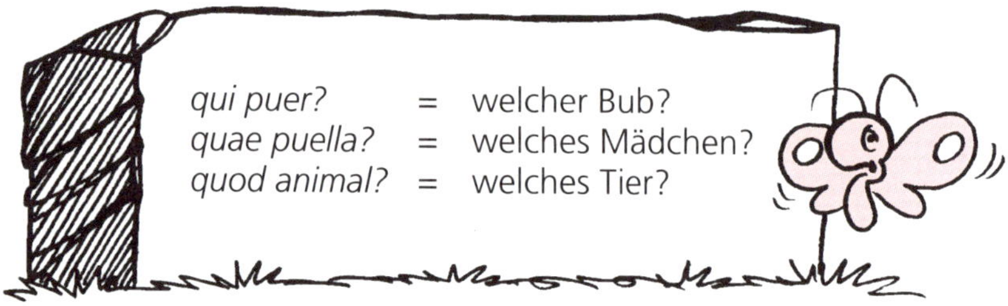

97 Setze die richtige Form des Fragepronomens ein und übersetze:

1. _______ deos Romani adorare solebant?
2. _______ dis deabusque Romani sacrificare solebant?
3. _______ deum Romani summum putabant?
4. _______ dea mater Aeneae fuit?
5. _______ anno natus es?
6. _______ templum Romae maximum fuit?
7. _______ amico nuper litteras dedisti?
8. _______ urbem Romulus condidit?
9. _______ re maxime delectaris?

98 Bei den folgenden Sätzen hast du jeweils verschiedene Fragepronomina zur Auswahl. Unterstreiche das richtige und übersetze dann:

1. (Quas / quos / quem) deos Romani maxime adoraverunt?
2. (Qua / quo / in quo) anno Roma condita est?
3. (Quibus / quo / quis) locis aestatem egistis?
4. (Cui / cuius / quae) puellae epistulas scribere soles?
5. In (quam / quem / quarum) urbem aestate migrabitis?
6. (Quod / quem / quid) librum nuper legisti?
7. (Quae / quas / quarum) amicas invitavistis?
8. (Quae / qua / quas) aedificia tibi Romae maxime placuerunt?
9. Ob (quem / quam / quod) rem nos non visitavistis?
10. (Qui / quis / cui) metus lupi est?

HIER WIRD NACH GÖTTERN GEFRAGT!

Ergänze bei den folgenden Fragesätzen jeweils das Fragepronomen! Wenn du die richtige Antwort weißt, trage sie – natürlich im richtigen Fall – in die unten stehende Tabelle ein. Die Buchstaben in der fett umrahmten Spalte ergeben, von oben nach unten gelesen, den Namen einer Göttin, die immer recht hat.

1. _______ erat summus deorum Romanorum?
2. _______ deae feminae Romanae sacrificabant?
3. _______ deus semper bello studebat?
4. _______ deo regnum inferorum (inferi, -orum *„Unterwelt"*) erat?
5. _______ deam Athenienses maxime adoraverunt?
6. _______ dei Iuppiter et Pluto fratres sunt?
7. _______ venatores (venator,-oris *„Jäger"*) adorare solebant?
8. _______ deum Romani et Graeci eodem nomine nominare solebant?

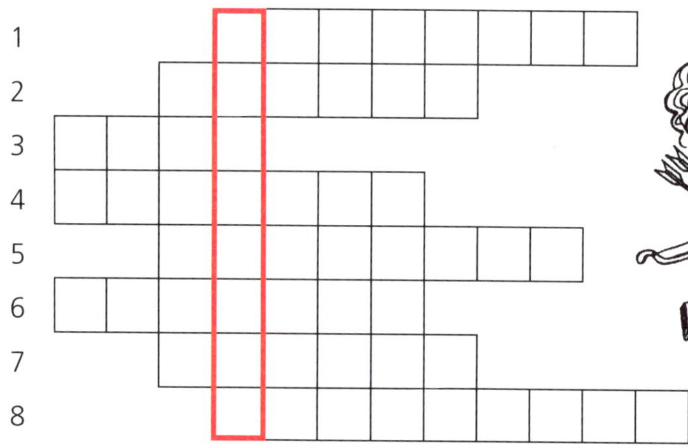

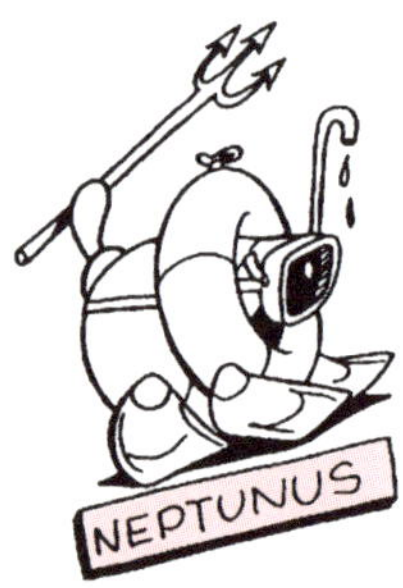

DAS RELATIVPRONOMEN

Ohne dass du es merkst, verwendest du im Deutschen häufig das Relativpronomen (oder das, wie man auf Deutsch auch sagt, „Bezügliche Fürwort"). Du wirst dir dabei wahrscheinlich selten den Kopf über die einzelnen Formen zerbrechen, da sie dir einfach selbstverständlich sind.

Hier zur Sicherheit trotzdem die Fälle des **deutschen** Relativpronomens (statt „der/die/das" kann man auch „welcher/welche/welches" verwenden):

	Singular			*Plural*
	maskulin	*feminin*	*neutral*	*m./f./n.*
1.	welcher / der	welche / die	welches / das	welche / die
2.	dessen	deren	dessen	deren
3.	welchem / dem	welcher / der	welchem / dem	welchen / denen
4.	welchen / den	welche / die	welches / das	welche / die

99 Was die **lateinischen** Formen des Relativpronomens betrifft, hast du es nicht schwer, da du sie schon kennst: Sie sind identisch mit denen des adjektivischen Fragepronomens. Du kannst sie hier zur Wiederholung in die folgende Tabelle eintragen (solltest du dich an die eine oder andere Form nicht mehr erinnern können, kannst du auf Seite 82 nachschauen):

	m.	f.	n.
Sg. 1./5.	qui	quae	
2.			
3.			
4.			
6.			

	m.	f.	n.
Pl. 1./5.			
2.	quorum		
3.			
4.			
6.			

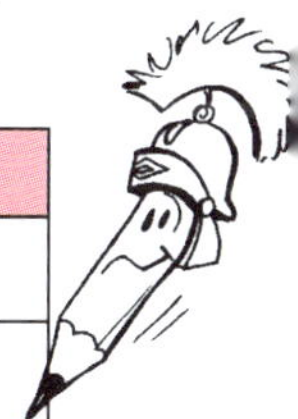

Auch im Deutschen können das Relativ- und das (adjektivische) Fragepronomen dieselbe Form haben: Bilde je einen deutschen Satz, in dem „welche(r/s)" 1. Fragepronomen, 2. Relativpronomen ist!

1. Fragepronomen: ______________________________

2. Relativpronomen: ______________________________

Wovon hängt es nun ab, welche der angeführten Formen des Relativpronomens man verwenden muss? Betrachte einmal folgenden Satz:

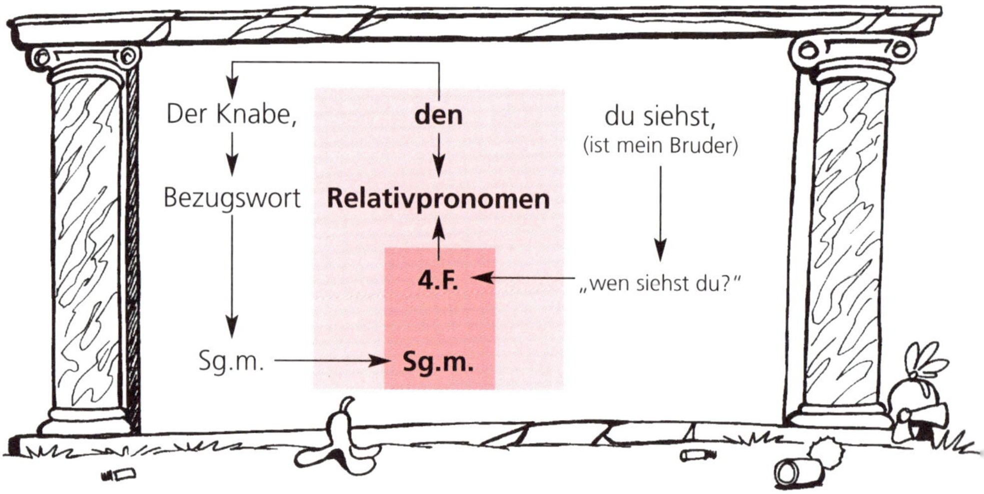

Versuche aufgrund dieses Beispiels eine Regel aufzustellen:

Das Relativpronomen richtet sich

☆ **in GESCHLECHT und ZAHL nach dem ______________ im übergeordneten Satz,**

☆ **im FALL danach, wie man ______________________**

100 Übersetze:

1. Urbs Roma, quam aestate proxima visitavimus, mihi maxime placuit.
2. Amicus, cui nuper librum dedi, eum nondum reddidit.
3. Agricola in villam suam, quae nostrae finitima est, properat.
4. Terra, quam magister in tabula monstrat, Germania est.
5. Dies festi, quibus amici Graeci nos visitabunt, iam appropinquant.
6. Aestatem apud amicos agam, quibus villa prope Romam sita est.
7. In illo oppido, quod incendio vastatum est, nulla domus integra mansit.
8. Galli, quorum terram Germani occupare studebant, ad Romanos legatos miserunt.
9. Puer, cui nuper colaphum *(colaphus, -i „Ohrfeige")* dedi, tamen adhuc amicus meus est.

101 Wähle von den in Klammer stehenden Relativpronomina das richtige aus und übersetze:

1. Puella, ________ (quem / cui / quam) heri cognovisti, amica mea est.
2. Marcus, apud ____ (quos / quam / quem) aestate esse soleo, multos libellos Asterigis Latini habet, _______ (qui / quae / quos) ego quoque libenter lego.
3. Rosas, _______ (quibus / quas / quos) matri Die Matris donavi, e nostro horto rapui. Qua de causa valde irata erat.
4. Incolae illius urbis, in ______ (quo / qua / quam) incendium ortum *(„ausgebrochen")* est, fuga salutem petiverunt.
5. Cras avum, ______ (cui / qui / quam) magnum praedium apud Danuvium situm est, visitare in animo habeo.
6. Parentes, _______ (qui / quorum / quibus) liberi in schola non attenti sunt, a magistro in scholam venire iubentur.
7. In foro, ______ (quem / qui / quod) adhuc nostro saeculo saepe visitatur, olim templa magnifica aliaque aedificia pulchra erant.
8. Homerus poeta, ________ (cuius / cui / quem) versus olim cuncti discipuli ediscere debuerunt, praeclarus poeta Graecus fuit.
9. Romani antiqui multos deos deasque coluerunt, _______ (quos / quas / quibus) diebus festis sacrificabant.
10. Saepe Iuliae memor ero, ______ (quae / cuius / quam) me tam dulciter basiavit *(basiare „küssen")*.

102 Übersetze vom Deutschen ins Lateinische:

1. Theseus, der mit Hilfe der Ariadne den Minotaurus getötet hatte, ließ diese auf einer Insel zurück.
2. Die Römer pflegten auf der Via Appia, die ein gewisser Appius erbaut hatte, von Rom nach Brindisi zu reisen.
3. Die Legionen, die Caesar nach Gallien führte, blieben mehrere Jahre dort.
4. Die Senatoren trafen sich in der Curia, die auch heute noch auf dem Forum Romanum besichtigt werden kann.
5. Den Römern waren die Gänse *(anser, -eris)*, durch die sie vor den Galliern gerettet worden waren, heilig.
6. Der Schüler, den der Lehrer lobt, freut sich.
7. Das Buch, das du mir gegeben hast, gefällt mir nicht.
8. Julia, deren Freundinnen nach Italien gereist sind, muss alleine daheim bleiben.
9. Markus, dessen Eltern auch in Italien sind, freut sich darüber (= über diese Sache) sehr, weil er zu Hause täglich eine Party *(convivium, -i)* veranstalten kann.
10. Ich lade dich zu einem Essen, das ich selbst zubereitet habe. Kommst du trotzdem?

BESONDERHEITEN DER RELATIVSÄTZE

Manchmal kann im Deutschen, genauso wie im Lateinischen, das Bezugswort eines Relativsatzes fehlen. Am häufigsten ist das bei ***qui* = „wer"** (= „derjenige, der") und ***quod* = „was"** („das, was") der Fall (vgl. im Deutschen: „Wer im Glashaus sitzt, soll nicht mit Steinen werfen")

103 Übersetze daher nach diesem Muster die folgenden Sätze:

1. Qui hoc dicit, errat. ________________________________
2. Qui tacet, consentire *(„zustimmen")* videtur. ________________
3. Quod licet Iovi, non licet bovi. ________________________
4. Qui bonam memoriam habet, multas res simul *(„zugleich")* memoria tenere potest. ________________________________

RELATIVER ANSCHLUSS

Wenn ***qui – quae – quod***

☆ **am Beginn eines Satzes** steht (d.h. großgeschrieben ist) und

☆ sich auf ein **Nomen aus dem vorangegangen Satz** bezieht,

wird es wie ein Demonstrativ- (**dieser, -e, -es**) oder Personalpronomen (**er, sie, es**) übersetzt. Man nennt das Pronomen dann „Relativen Anschluss".

104 Wandle in den folgenden Sätzen das Demonstrativpronomen in einen relativen Anschluss um:

(EXEMPLUM: Daedalus Athenis in Cretam insulam fugerat, ubi Minos rex regnavit. Huic (= Cui) labyrinthum aedificavit)

1. Theseus Minotaurum auxilio Ariadnae necaverat. Ei (= ______) tamen gratias non egit, sed eam solam in quadam insula reliquit.
2. Romanis multi et varii di fuerunt. Hos (= ______) summa pietate adorare solebant.
3. Romulus Remusque infantes expositi sunt. Ii (= ______) tamen auxilio deorum servati sunt.
4. Hannibal, postquam cum copiis Alpes transcendit, in Galliam Cisalpinam pervenit. Eum (= ______) Romani ibi non exspectaverunt.
5. Aeneas auctor populi Romani fuisse dicitur. Eius (= ______) facinora Vergilius poeta carmine praeclaro celebravit.
6. Olim Galli Capitolium oppugnabant. Horum (= _________) impetum Romani auxilio anserum *(anser,-eris „Gans")*, qui custodes dormientes excitaverunt, repellere *(„zurückschlagen")* potuerunt.
7. Imperator Nero Romam incendisse dicitur. Hoc (= ______) incendio magna urbis pars deleta est.
8. Titus imperator Iudaeos vicit. Ei (= ______) postea in Foro Romano arcus aedificatus est.
9. Orpheus cantator praeclarissimus fuit. Eius (= _______) carminibus etiam ferae *(fera,-ae „wildes Tier")* domitae sunt.
10. Troiani a Graecis victi sunt. Ea (= ______) de causa urbem deletam reliquerunt.

Einige Formen von *qui – quae – quod* können noch zusätzliche Bedeutungen haben. Merke dir daher:

> ***quo*** = „wohin?" (vgl. *„Quo vadis?"*)
> ***quam*** = „wie?"; „als" (bei Vergleichen)
> ***quod*** = „weil"; „dass"

TEST

Nicht alles ist relativ!
Wie du gesehen hast, hat ***qui/quae/quod*** verschiedene Bedeutungen. Übersetze die folgenden Sätze und gib an, wie das kursiv gedruckte Pronomen jeweils verwendet ist (als Frage-, Relativpronomen oder Relativer Anschluss):

1. Quod oppidum a Caesare expugnatum est?
2. Oppidum, quod a Caesare expugnatum est, in colle situm erat.
3. Oppidum in colle situm est. Quod a Caesare magna vi expugnatum est.
4. Gaudeo, quod mihi epistulam scripsisti.
5. M. Tullius Cicero a civibus suis pater patriae appellatus est. Cuius diligentia Romani a Catilina coniuratore *(„Verschwörer")* servati sunt.
6. Qua via imperatores victores captivos et praedam *(„Beute")* per urbem ducere solebant? – Via, quam Romani Sacram appellaverunt.
7. Cui deae templum rotundum *(rotundus 3 „rund")* in foro situm sacrum erat?
8. Quid amici Graeci, quos Gaius per Romam duxit, in foro viderunt?
9. Senatus in curiam convenire solebat. Quod aedificium adhuc nostris temporibus spectari potest.
10. Quae insula a Romanis prima provincia facta est?
11. Mensi Martio a Marte, Romano belli deo, nomen est. Qui pater Romuli Remique habebatur.
12. Dum per silvam ambulamus, canis noster fugit. Qui nonnullis horis post domum revenit.
13. Dum per silvam ambulamus, canis noster, qui iam octo annos natus *(„alt")* erat, fugit.
14. Qui canis fugit?

AUSWERTUNG
14–13 Sätze richtig: *Optime!*
12–10 richtig: Relativ gut, aber trotzdem noch verbesserungswürdig!
weniger als 9 richtig: *Parum!* Damit du nicht den Anschluss verlierst, ist ein nochmaliger *qui/quae/quod*-Intensivkurs relativ dringend vonnöten – zurück zu Seite 85!

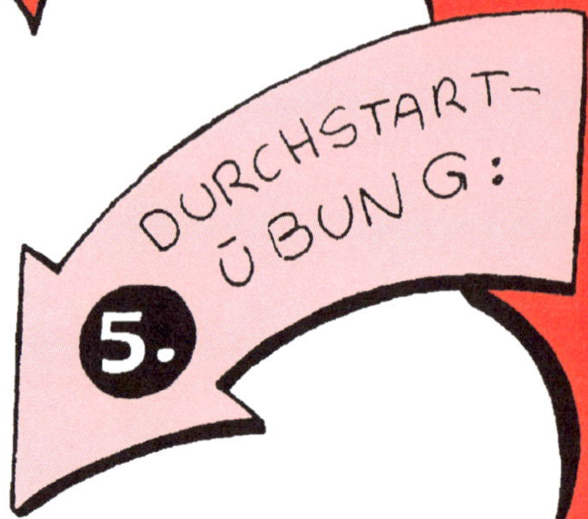

ZAUBERPUNKT

Du fühlst dich nicht wohl?
Es stresst dich, lernen zu müssen?
Du hast Heißhunger auf Süßes?

Die Energie deines Körpers ist zu niedrig. Da hilft dir der Zauberpunkt:
Du legst zwei Finger der linken Hand auf die Innenseite des rechten Handgelenks. Diesen Punkt massierst du 2-mal täglich 4 bis 12 Minuten und immer dann, wenn es dir nicht gut geht. Du wirst merken, wie das funktioniert. Wenn du an dieser Stelle die Energie aktivierst, verzichtet dein Körper auch freiwillig auf Süßigkeiten. Süßigkeiten sind Energiefresser!

Dauer der Übung: 4 bis 12 Minuten

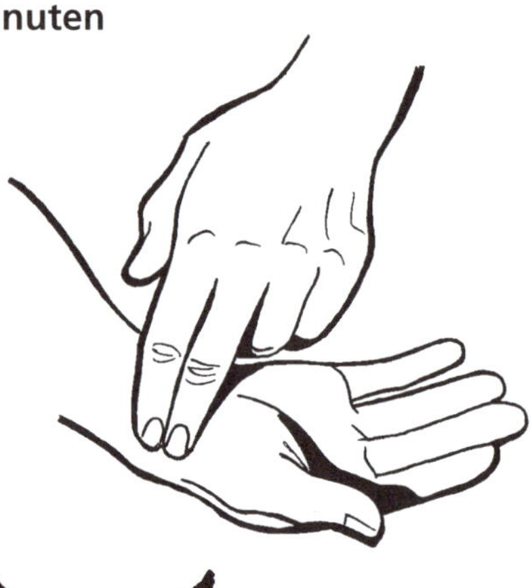

DEMONSTRATIVPRONOMINA

Wenn viele Leute auf die Straße gehen, um auf ein Anliegen hinzuweisen, nennt man diese Veranstaltung eine **Demonstration**. Dementsprechend sind **Demonstrativ**pronomina **hinweisende** Fürwörter. Am besten stellst du dir bei ihnen vor, dass man mit dem Finger auf jemanden oder etwas zeigt.

Die lateinischen Demonstrativpronomina lauten:

hic, haec, hoc	dieser, diese, dieses
iste, ista, istud	dieser, diese, dieses (da)
ille, illa, illud	jener, jene, jenes
ipse, ipsa, ipsum	er (sie, es) selbst
is, ea, id	dieser, diese, dieses; er, sie, es
idem, eadem, idem	derselbe, dieselbe, dasselbe

Alle diese Pronomina deklinieren, mit gewissen Abweichungen, nach der **pronominalen Deklination** (die genaue Abwandlung findest du in deiner Schulgrammatik). Welche zwei Fälle sind charakteristisch für die pronominale Deklination und daher auch für die Demonstrativpronomina? (Solltest du das vergessen haben, blättere zurück auf Seite 80.)

____

105 Stimme die Demonstrativpronomina mit den links stehenden Substantiva überein:

	hic	ille	ipse	idem
puellam		illam		
puerorum				
aedificia				
carmen				
legis				
nomini				
aestate				
virum				
homines				

106 Dekliniere die folgenden Wortgruppen:

1. id templum – 2. incola ipse – 3. iste homo –
4. haec aetas – 5. idem casus

107 Fülle die Tabelle nach dem Muster der ersten Zeile aus:

	deutsche Übersetzung	Bestimmung	lateinische Form
1.	jenes, jener	2.F.Sg.m./f./n.	*illius*
2.			*huic*
3.	demselben		
4.	ihnen selbst		
5.			*eo*
6.	diese	4.F.Sg.f.	
7.	das (da)		
8.		1./4.F.Pl.n.	*illa*
9.	sie selbst	4.F.Pl.m.	
10.			*eorundem*

108 Wähle die richtigen Pronomina aus und übersetze dann:

ille, eo, isti, idem, huius, illae, ipsum, eadem

1.	Marcus et Iulia in		villa habitant.
2.	Medicus		patrem curavit.
3.	Viae		urbis angustae sunt.
4.	Constituimus		anno Romam migrare.
5.	Delirant (*„spinnen“*),		Romani.
6.	Avus semper		narrat.
7.	Fabulae		me delectant.
8.	Forum		visitare non potuimus.

Zum Abschluss noch ein Rätsel:

Marcus Gaiusque eodem die eiusdem mensis eiusdem anni nati sunt atque eosdem parentes habent. Tamen gemini non sunt. Qua de causa?

DIE SPINNEN, DIE RÖMER . . .

Asterix-Experten (und alle, die es noch werden wollen) aufgepasst! Ein bekannter Spruch aus den Abenteuern des Asterix ist gesucht – und zwar in seiner lateinischen Form! Du findest ihn heraus, wenn du die folgenden Fragen beantwortest und die jeweils umrahmten Buchstaben aneinander reihst.

(Nota bene: Die einzelnen Lösungswörter sind, soferne nicht anders angegeben, deutsch. Der gesuchte Spruch besteht dagegen aus drei lateinischen Wörtern!)

1. Miraculix ist es: [.] . . . . . .
2. Bei ihm pflegen die Gallier zu schwören: . . . . . . [.] .
3. Lieblingsgepäckstück des Obelix: . . . . . . [.] . . . . . .
4. Er begleitet Obelix überall hin: [.] . . . . . .
5. Obelix verzehrt sie in rauhen Mengen (lat. Form, 1.F.Pl.): . . [.] .
6. Der unbeschreibliche Sänger, der alle zur Verzweiflung treibt: . . . . . [.] . . .
7. Das gesuchte Wesen von Nr. 4 gehört zur Gattung der (lat. 1.F.Pl.) . . [.] . .
8. *„Potio magica"* heißt auf Deutsch: . . . . [.] . . . .
9. Die römischen Soldaten hießen: . . . . [.] . . . . . .
10. *„Venit, vidit, vicit"*, aber nicht alle Gallier: . . . [.] . .
11. Sogar zu dieser schönen Ägypterin verschlägt es Asterix und Obelix einmal: . . . . [.] . .
12. Dass er einmal herabstürzen könnte, ist das einzige, was den Galliern Furcht einflößt: . [.] . . . .
13. So werden die gallischen Sänger genannt: . . . [.] . . . .
14. Er zeichnete die Asterix-Bände: . . . . . . [.]
15. Er ist der Chef von Asterix und Obelix: [.] . . . .
16. So hieß der erste Asterix-Band: „Asterix der . [.] . . . . . ."
17. Aus ihnen wird der Trank des Miraculix gebraut: . . . . [.]
18. Name eines römischen Lagers in Gallien, heute eher als Wohnort von Zierfischen bekannt: . . . . . . [.] . .

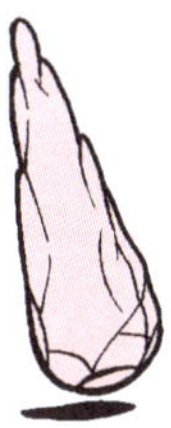

DIE LÖSUNG LAUTET:

PERSONALPRONOMINA

Persönliche Fürwörter werden im Lateinischen im Großen und Ganzen wie im Deutschen verwendet. Du musst also die Formen einfach wie Vokabeln lernen:

	SINGULAR					
	1. Person		2. Person		3. Person reflexiv*	
1.F.	*ego*	ich	*tu*	du	—	—
2.F.	*mei*	meiner	*tui*	deiner	*sui*	seiner, ihrer
3.F.	*mihi*	mir	*tibi*	dir	*sibi*	sich
4.F.	*me*	mich	*te*	dich	*se*	sich
6.F.	*a me* *mecum*	von mir mit mir	*a te* *tecum*	von dir mit dir	*a se* *secum*	von sich mit sich
	PLURAL					
1.F.	*nos*	wir	*vos*	ihr	—	—
2.F.	*nostri* *nostrum***	unser von uns	*vestri* *vestrum***	euer von euch	*sui*	ihrer
3.F.	*nobis*	uns	*vobis*	euch	*sibi*	sich
4.F.	*nos*	uns	*vos*	euch	*se*	sich
6.F.	*a nobis* *nobiscum*	von uns mit uns	*a vobis* *vobiscum*	von euch mit euch	*a se* *secum*	von sich mit sich

* zum **nicht-reflexiven** Personalpronomen der 3. P. siehe Seite 98.

** **nostrum** und **vestrum** sind sogenannte **Teilungsgenetive**. Sie werden verwendet, wenn aus einer Gesamtheit ein bestimmter Teil herausgehoben wird (siehe Seite 115):
z. B. *Quis vestrum?* = Wer **von** euch?
Multi nostrum = Viele **von** uns

109 1. Welche Formen der Personalpronomina sind mehrdeutig:

____

____

2. Was könnte der Grund dafür sein, dass die Nominative der oben genannten Pronomina in lateinischen Texten relativ selten vorkommen?

____

110 Übersetze (Achtung auf doppeldeutige Formen!):

1. ihr = ____________
2. euch = ____________
3. mit mir = ____________
4. dir = ____________
5. von dir = ____________
6. uns = ____________
7. mich = ____________
8. mit uns = ____________
9. deiner = ____________
10. sich = ____________
11. von euch = ____________
12. unser = ____________

Das nicht-reflexive Personalpronomen der 3. P.

Im Lateinischen gibt es – wie im Deutschen – eine Unterscheidung zwischen **reflexiven** (rückbezüglichen) und **nicht-reflexiven** Pronomina.

reflexives PERSONALPRONOMEN

☆ bezieht sich: auf das **Subjekt** des Satzes
☆ lat. Form: ***sui, sibi, se, a se / secum***
☆ dt. Übersetzung: „seiner" / „ihrer", „sich", „sich"; „von / mit sich"

Beispiel: *Marcus semper* ***se*** *laudat*
= Markus lobt immer **sich**

nicht-reflexives PERSONALPRONOMEN

☆ bezieht sich: auf ein Wort, das **nicht Subjekt** des Satzes ist
☆ lat. Form: Formen von ***is, ea, id***
☆ dt. Übersetzung: Formen von „er", „sie", „es"

Beispiel: *Marcus fratrem habet. Numquam* ***eum*** *laudat.*
= Markus hat einen Bruder. Er lobt **ihn** nie.

is / ea / id kann also folgende Bedeutungen haben:

☆ *is, ea, id* übereingestimmt → **dieser, -e, -es** (Demonstrativpronomen)
☆ *is, ea, id* alleine → **er, sie, es** (Personalpronomen)

(Außerdem können die Genetive *eius* bzw. *eorum/earum/eorum* auch als nicht-reflexive Possessivpronomina gebraucht werden; siehe dazu Seite 103.)

111 Übersetze und bestimme, ob *is/ea/id* als Demonstrativ- (D) oder Personalpronomen (P) verwendet ist:

1. Romani nonnumquam magno in periculo erant, sed saepe Fortuna eos (P) adiuvit.
2. Eae (__) fabulae, quas in schola Latine legimus, mihi placuerunt.
3. Quam pulchra erat puella, quam heri in oppido vidi! Semper eius (__) memor ero.
4. Quamquam Romani peritia belli plerosque populos superaverunt, Germani iis (__) semper periculosi erant.
5. Amici Graeci Lucio multa de patria sua narrabant. Itaque Lucius eos (__) hac aestate visitabit.
6. Iis (__) hominibus, qui nos saepe adiuverunt, magnam gratiam habemus.
7. Flammae incendii iam oppido appropinquaverunt, sed Plinius eas (__) non timuit.
8. Cras amici nos visitabunt. Iis (__) urbem monstrabimus.
9. Ei (__) puellae, quam nuper cognovi, rosam donavi.
10. Canis me non novit. Ea (__) de causa me momordit.

112 Übersetze und bestimme den Fall des Personalpronomens:

1. Magister nos docet.
2. Cras vobiscum ambulabimus.
3. Claudia canem parvum habet. Valde eum diligit.
4. Claudia duos fratres maiores habet. Minime eos diligit.
5. Iulia mihi grata est, sed ego ei gratus non sum.
6. Vobis gratias agimus, quod nos adiuvistis.
7. Vestri semper memores erimus.
8. Vos iam saepe ad cenam invitavimus, sed numquam venistis.
9. Ego usque ad meridiem dormire soleo, tu iam mane surgis. *(Warum steht hier das Personalpronomen?)*
10. Claudia gaudet: „Marcus non Iuliam, sed me in theatrum invitavit. Ergo ego cum eo eo eo!"

Noch Komplikationen beim Pronomen?

Erzeugen die Pronomina noch immer blankes Entsetzen bei dir? Wenn nicht, übersetze die folgenden Formen. Als Anreiz: Für jede richtige Form gibt es 1 Punkt! (Maximal 15 Punkte.)

1. ei ____________
2. eos ____________
3. nobis ipsis ____________
4. illa (2 Lösungen) ____________
5. quem nostrum ____________
6. vobiscum ____________
7. huic ____________
8. tibi ipsi ____________
9. nostri ____________
10. eundem ____________
11. vos (2 Lösungen) ____________
12. isti (2 Lösungen) ____________

AUSWERTUNG

15–13: *Optime!*
12–9: *Satis*
weniger als 8: *Parum!* Leider musst du dir vor dem nächsten Kapitel noch eine intensive Pronomina-Lektion gönnen – zurück zu Seite 93.

113 Zum Abschluss kannst du deine frisch erworbenen pronominalen Fähigkeiten an einem Text über Sommer, Sonne, Liebe und Wein erproben. Ergänze die in Klammer stehenden Personalpronomina im richtigen Fall:

Marcus Iuliam suam salutat.

Iam diu nihil de ___ (tu) audivi! Quam diu _____ (ego) nullas litteras misisti! Nonne meministi aestatem superiorem, cum in litore vici, ubi cum parentibus ferias egimus, primum convenimus? Ut ____ (tu) vidi, _____ (ego) subito placuisti. Initio non audebam ___-cum (tu) sermonem habere, sed iam paucis horis post una glaciem *(glacies, -ei „Eis")* edimus. Vesperi, quamquam parentes ____ (nos) domi exspectaverunt, forum vici petivimus et complura pocula *(poculum, -i „Glas")* vini bibimus. Tum _____ (ego) primum basium *(basium, -i „Kuss")* dedisti. Quod pulcherrimum fuit, quamquam propter vinum iam nausea *(nausea, -ae „Übelkeit")* affectus eram.

Die proximo domum migrare debuisti. Saepe____ -cum (ego) cogitavi: „Cur non _____-cum (tu) venire possum?" Sed hoc _____ (ego) non licuit. Ergo vesperi iterum nonnulla pocula vini bibi. Ceterum ea de causa parentes mei valde irati erant. Dixerunt: „Quid ____ (tu) haec puella docuit!?" Ipse quidem bene scivi, sed nihil ____ (ii) narravi . . .

Nunc etiam ego iterum domi sum et doleo, quod procul es. Nonne ____ (ego) visitare in animo habes? Nonne ___ -cum (ego) ambulare, theatrum frequentare, in taberna nonnulla pocula vini bibere vis? Num parentes tui ____ (tu) prohibent ad ___ (ego) venire? Veni celeriter – diutius ____ (tu) exspectare non possum! Scito: Die nocteque ___ (tu) memor sum. Ut vides, iam paene insanus *(„wahnsinnig")* sum. Tamen timeo: Non venies. Ergo nihil aliud restat *(„es bleibt übrig")* quam tabernam sine ___ (tu) petere . . .

Vale!

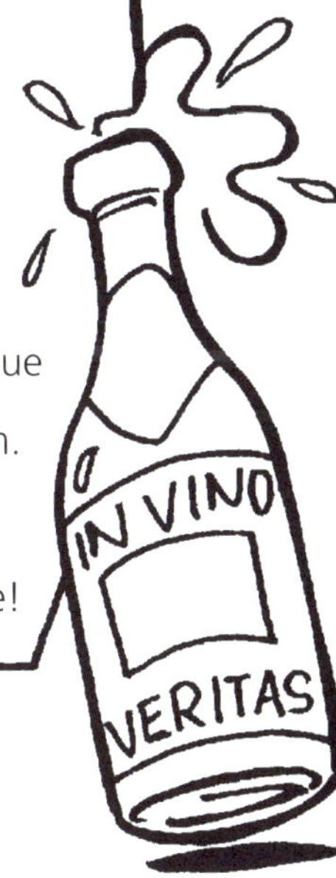

Setze diese kleine Abhandlung zum Thema „Frauen und Alkohol" in den Plural: Markus und Julius schreiben gemeinsam an ihre Urlaubsbekanntschaften Clara und Julia!

POSSESSIVPRONOMINA
(Besitzanzeigende Fürwörter)

	Singular	Plural
1. Person	*meus, -a, -um* mein	*noster, -tra, -trum* unser
2. Person	*tuus, -a, -um* dein	*vester, -tra, -trum* euer
3. Person (reflexiv)	*suus, -a, -um* sein; ihr	*suus, -a, -um* ihr
3. Person (nicht reflexiv)	*eius* dessen; deren	*eorum; earum* deren

Possessivpronomina sind – wie im Deutschen – meist mit einem Substantiv in Fall, Zahl und Geschlecht übereingestimmt. Sie verhalten sich also **wie Adjektiva**:

*amic**us** meus* = mein Freund

*amic**a** tua* = deine Freundin

*amic**i** nostri* = unsere Freunde

Fallweise werden Possessivpronomina auch **wie Substantiva** verwendet. Das erkennst du daran, dass das Pronomen alleine steht, d. h. mit nichts übereingestimmt ist:

mei, meorum = die Meinen
tui, tuorum = die Deinen
suum (= sua) = das Seine (etc.)

114 Beispiele für die substantivische Verwendung der Possessivpronomina:

1. Meos valde desidero, quod iam unum mensem domo absunt.

____

2. Cuique suum. ______________________________
(Wie würde die Übersetzung übrigens lauten, wenn man *suum* als Form von *sus, suis* = „Schwein" auffasst?)

3. Omnia mea mecum porto. ______________________

Das Possessivpronomen der 3. P. („sein" / „ihr")

Wie bei den persönlichen gibt es auch bei den besitzanzeigenden Fürwörtern die Unterscheidung zwischen **reflexivem** und **nicht-reflexivem** Pronomen.

☆ **reflexiv:** Das Pronomen bezieht sich auf das Subjekt im Satz (d. h. der „Besitzer" ist Subjekt des Satzes).

suus 3 = „sein" / „ihr (eigener)"

Marcus amicum ***suum*** *invitat* = Markus lädt **seinen (eigenen)** Freund ein

Marcus amicam ***suam*** *invitat* = Markus lädt **seine (eigene)** Freundin ein

Iulia amicam ***suam*** *invitat* = Julia lädt ihre (eigene) Freundin ein

Iulia amicas ***suas*** *invitat* = Julia lädt ihre (eigenen) Freundinnen ein

Wovon hängt es ab, welche Form *suus 3* annimmt?

____

☆ **nicht-reflexiv:** Das Pronomen bezieht sich auf ein anderes Wort als das Subjekt im Satz (d. h. der „Besitzer" ist nicht Subjekt im Satz).

Sg.: ***eius*** = „dessen (sein)" / „deren (ihr)"
Pl.: ***eorum*** (m.), ***earum*** (f.) = „deren (ihr)"

Marcus Quintum et ***eius*** *amicum invitat* = Markus lädt Quintus und **seinen (dessen)** Freund ein

Marcus Iuliam et ***eius*** *amicum inivitat* = Markus lädt Julia und **ihren (deren)** Freund ein

Marcus amicos et ***eorum*** *amicas invitat* = Markus lädt die Freunde und **ihre (deren)** Freundinnen ein

Wovon hängt es ab, ob *eius* oder *eorum / earum* verwendet wird?

____

115 Setze das richtige Possessivpronomen der 3. Person ein! (Zur Kontrolle zeichne jeweils einen Pfeil vom Pronomen zum Wort, auf das es sich bezieht, ein: Ist dieses Wort der „Besitzer“, musst du *suus 3* einsetzen, sonst *eius* bzw. *eorum / earum*):

1. Iulius amicos in villam suam invitavit.
2. Ille vir Graecus cum liberis ___________ in Italiam navigavit.
3. Alexandrum et avunculum _____________ invitavimus, sed frustra: ii in villa ________ manserunt.
4. Lucius et Iulia iam multas terras alienas visitabant. At avus _________ numquam patriam reliquit.
5. Iuliam et matrem __________ salutavimus.
6. Avus meus cantator praeclarus fuit. Semper de gloria _________ narratur.
7. Divites Romani villas ________ auro argentoque ornare solebant.
8. Romani villas magnificas aedificabant et ______ porticus auro ornabant.
9. Romani victorias ______ carminibus celebrare solebant.
10. Magister de Romanis et victoriis ________ narrat.
11. Quid in schola de Romanis et de _______ re publica didicisti?
12. Heri Lucio et ______ amicis urbem monstravi.

116 Übersetze ins Lateinische (überlege zuvor immer, ob sich „sein" bzw. „ihr" auf das Subjekt bezieht oder nicht!):
Kannst du „sein" durch „dessen" bzw. „ihr" durch „deren" ersetzen, musst du *eius* bzw. *eorum / earum* verwenden!

1. Julia erwartete ihre Freundinnen.
2. Marcus erwartete seine Freundinnen.
3. Julia erwartete ihre Freunde.
4. Marcus erwartete seine Freunde.
5. Der Lehrer erzählt über die Römer und ihren Staat.
6. Cäsar und seine Feldherrn eroberten ganz Gallien.
7. Die Römer feierten gerne ihre Siege.
8. Viele lobten früher das Landleben und seine Vorteile.
9. Gestern zeigte ich Quintus und seinen Freunden die Stadt.
10. Claudia lädt den Nachbarn und seine Frau ein.

117 Achtung, aufgepasst! Im Deutschen kann das Possessivpronomen mitunter auch mehrdeutig sein, d. h., es kann sich theoretisch auf zwei verschiedene „Besitzer" beziehen – übersetze jeweils beide Möglichkeiten ins Lateinische!

1. Die Mutter erwartet Julia und ihre Freunde.
2. Claudius lädt Markus und seine Freundin ein.
3. Die Eltern laden die Nachbarn und ihre Kinder ein.
4. Markus sah Nachbars Kater und seinen Hund.

DIE PRÄPOSITIONEN

Präpositionen verbinden sich im Lateinischen entweder mit dem Ablativ oder Akkusativ. Am besten du lernst diejenigen auswendig, die mit dem Ablativ verbunden sind – nach allen anderen steht der Akkusativ*.

* ***causa*** („wegen"), das dem Genetiv nachgestellt ist, ist keine echte Präposition, da es aus dem Ablativ von *causa, -ae* enstanden ist (eigtl. „durch den Grund" = „aufgrund").

PRÄPOSITIONEN + ABLATIV			
a, ab	von	***cum***	mit
e, ex	von (. . . aus)	***sine***	ohne
de	von, über	***pro***	für; anstatt; im Verhältnis zu
		prae	vor

PRÄPOSITIONEN + AKKUSATIV			
ad	zu, an, bei	***post***	nach; hinter
apud	bei	***ante***	vor
ob	wegen	***per***	durch
propter	wegen	***praeter***	außer
prope	nahe bei	***contra***	gegen
trans	jenseits	***adversus***	gegen, gegenüber
inter	zwischen, unter	***circum***	um . . . herum

Bei allen bisher angeführten Vorwörtern darfst du nicht wie im Deutschen nach dem Fall fragen, sondern du musst den Fall schreiben, den sie verlangen!

Gefragt werden muss nur bei zwei Präpositionen, die mit dem **Akkusativ oder** dem **Ablativ** stehen: ***in*** und ***sub***.
Für diese beiden Vorwörter gilt folgende Regel (→ siehe ÜS-TIPP 5!):

☆ **Frage „wo?" (Punkt) → Ablativ**
☆ **Frage „wohin?" (Richtung) → Akkusativ**

Dementsprechend lautet die Übersetzung der beiden Wörter so:

in + Abl. (Frage „wo?“)	•	in, auf, bei
in + Akk. (Frage „wohin?“)	→	in, nach, gegen
sub + Abl. (Frage „wo?“)	•	unter
sub + Akk. (Frage „wohin?“)	→	unter (. . . hin)

118 Was heißt:

1. in Italia: ____________________
2. in Italiam: ____________________
3. sub arbore: ____________________
4. sub arborem: ____________________

119 Übersetze:

1. aus der Schule = ____________________
2. gegen die Feinde = ____________________
3. nahe beim Fluss = ____________________
4. vom Baum herab = ____________________
5. außer mir = ____________________
6. ohne uns = ____________________
7. für alle = ____________________
8. vor der Tür = ____________________
9. bei dem Baum = ____________________
10. nach dir = ____________________

120 Übersetze die folgenden Sätze:

1. Wir gehen im Wald spazieren. ______________________
2. Ich sitze im Landhaus und lese. ______________________
3. Es regnet (= *pluit*), und wir eilen unter einen Baum. ______________________
____
4. Bald werdet ihr nach Italien reisen. ______________________
5. In Italien hast du schon oft den Sommer verbracht. ______________________
____

121 Setze die unten stehenden Wörter so ein, dass sie mit dem Anfang und dem Schluss einen sinnvollen Satz ergeben!

habitabant, currunt, petit, revenit, est, portavit, laboraverunt

1. *Magna arbor* ____________ *post villam nostram.*
2. *Antea Germani* ____________ *trans Danuvium.*
3. *Avus meus nuper* ____________ *ex Italia.*
4. *Iulia umbram* ____________ *sub arbore.*
5. *Aeneas patrem* ____________ *ex urbe.*
6. *Servi* ____________ *in horto domini sui.*
7. *Marcus et Quintus* ____________ *in scholam.*

122 Kennst du die Geschichte vom Raub der Sabinerinnen? Wenn nicht, hier die Kurzversion: Da die Römer nach der Gründung Roms zu wenig Frauen hatten, raubten sie während Spielen, an denen auch ihre Nachbarn, die Sabiner, teilnahmen, deren Frauen. Danach soll Folgendes geschehen sein:

„Romani feminas in villas suas agitaverunt".

Ein Schüler, der mit den lateinischen Präpositionen noch etwas auf dem Kriegsfuß gestanden ist, übersetzte diesen Satz folgendermaßen:

„Die Römer taten es mit den Frauen in ihren Häusern."

Wie muss die Übersetzung richtig heißen?

____

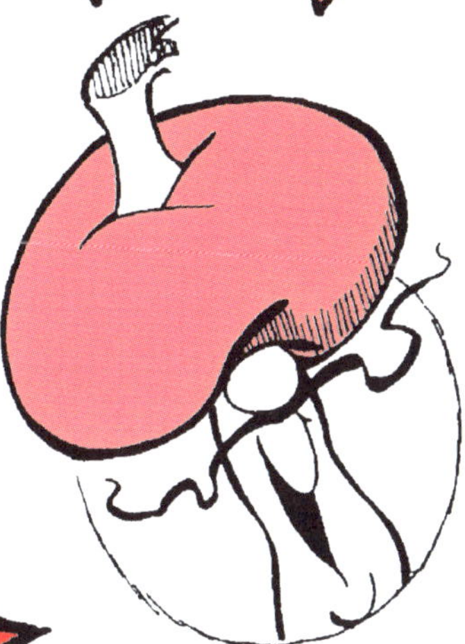

MUDRA FÜR DEN GESUNDEN WILLEN

Du hast keine Lust zu lernen?

Diese Lernunwilligkeit kannst du folgendermaßen abbauen:

Du legst den Zeigefinger in die Daumengrube und bringst Daumen und Mittelfingerkuppe zusammen.

Das Mudra kannst du mit beiden Händen gleichzeitig oder jeweils mit einer Hand halten. Immer dann, wenn du eine Hand gerade nicht brauchst, hältst du die Finger in der beschriebenen Stellung.

Hervorragend geeignet zum Hinhören im Unterricht, beim Schreiben und Nachdenken. Sogar während des Lesens kannst du es halten.

Dauer der Übung: mindestens 7 Minuten

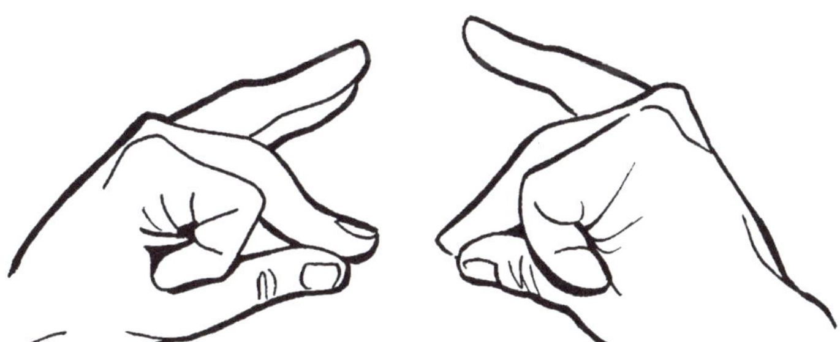

DIE KASUSLEHRE

Eine systematische Übersicht über sämtliche Funktionen der lateinischen Kasus findest du in deiner Schulgrammatik. Auf den nächsten Seiten wirst du hingegen Tipps bekommen, wie du in der Praxis mit den einzelnen Fällen am besten umgehst, wobei vor allem jene Verwendungsarten hervorgehoben werden, die vom Deutschen abweichen. Am Schluss findest du noch einen zusammenfassenden Gesamtüberblick.

DER GENETIV

Faustregel:

Versuche den Genetiv zuerst **wörtlich** (Frage: „wessen?") zu übersetzen; ergibt sich dadurch kein Sinn, probiere es mit **„von"** oder einer anderen passenden Präposition.

Besondere Verwendungsarten:

☆ als **Eigenschaftsgenetiv** (= *Genetivus qualitatis*): er wird meist mit **„von"**, **„mit"** oder frei übersetzt. Er ist gleichbedeutend mit dem Ablativ der Eigenschaft.

Iulia puella XVI annorum est = Iulia ist ein Mädchen **von 16 Jahren** = ein 16-jähriges Mädchen

☆ als **Genetivus obiectivus**: Er steht oft nach Substantiven, die von Verben abgeleitet sind (z. B. *amor* → von *amare*). Er wird mit einer Präposition, die sich aus dem Sinn ergibt, übersetzt:

Amor musicae = die Liebe **zur** Musik

Nicht immer ist es eindeutig, wie ein Genetiv zu übersetzen ist.
Folgender Satz ist z. B. mehrdeutig:

Timor ***Romanorum*** *magnus erat*

☆ Die wörtliche Übersetzung ist: „Die Furcht der Römer war groß."
In diesem Fall ist der Genetiv als **Genetivus subiectivus** übersetzt: dem Sinn nach sind die Römer Subjekt → „**die Römer** (Subjekt) fürchteten sich sehr".

☆ Eine andere mögliche Übersetzung wäre: „Die Furcht vor den Römern war groß."
Das wäre die Übersetzung als **Genetivus obiectivus**: Dem Sinn nach sind die Römer Objekt → „man fürchtete **die Römer** (Objekt) sehr".

Welche der beiden Übersetzungsmöglichkeiten die richtige ist, kannst du nur aus dem Zusammenhang entscheiden!
Tipp: Probiere zuerst die wörtliche Übersetzung (d. h. als Genetivus subiectivus). Ergibt diese keinen Sinn, verwende eine passende Präposition (Genetivus obiectivus).

123 Übersetze als *Genetivus subiectivus* und als *obiectivus*:

1. odium hostium = ______________________________
2. amor parentum = ______________________________
3. cura patris = ______________________________

Wörter, die den Genetiv verlangen	
☆ **Adjektiva:**	***cupidus, avidus*** = „begierig" (nach) ***peritus*** = „kundig" (einer Sache) ***memor*** ="eingedenk" (einer Sache) ***plenus*** = „voll" (mit / von etwas)
☆ **Präpositionen:**	nachgestelltes ***causa*** = „wegen"
☆ **Verba :**	***meminisse, reminisci*** = „sich erinnern" (an etwas) ***oblivisci*** = (etwas) „vergessen"

Rettet dem DATIV!

Faustregel:

Ergibt die wörtliche Übersetzung (Frage: **„wem?“**) keinen Sinn, probiere es mit **„für“**.

Besondere Verwendungsart:

☆ als **Dativ des Besitzers** (= *Dativus possessivus*)

mihi multi amici sunt = (wörtlich: mir sind viele Freunde =)
Ich habe viele Freunde

124
1. Marco duae amicae sunt. = ______________________
2. Militibus spes victoriae erat. = ______________________
3. Romanis multae provinciae erant. = ______________________
4. Mihi nomen Marcus est. = ______________________

125
1. Wie kann man den Satz *„Fratrem habeo.“* lateinisch noch ausdrücken?

____

2. Was bedeutet der Satz: *„Simiae* (*simia, -ae* „Affe“) *quattuor manus sunt*“? (2 Möglichkeiten!)

____

____

OTIUM

Verba, die den Dativ verlangen (im Deutschen Akkusativ!)		
***parco** tibi*	=	„ich schone dich“
***faveo** tibi*	=	„ich begünstige dich“
***invideo** tibi*	=	„ich beneide dich“
***persuadeo** tibi*	=	„ich überrede / überzeuge dich“
***nubo** tibi*	=	„ich heirate dich“
***studeo** gloriae*	=	„ich strebe nach Ruhm“

DER AKKUSATIV

Faustregel:

Wenn es sich nicht um einen Objektsakkusativ (Frage: **„wen?“** / **„was?“**) handelt, drückt der Akkusativ eine **Richtung** (Raum oder Zeit) aus.

Frage: **„wohin?“** – *„in“* + Akk. →
in urbem propero = ich eile in die Stadt

Frage: **„wie lange?“** – reiner Akk. →
duas horas in urbe fui = ich war 2 Stunden (lang) in der Stadt

Wörter, die den Akkusativ verlangen (im Deutschen Dativ!)

☆ **Präpositionen:** siehe Seite 106

☆ **Verba:**
(ad)iuvo *te* = „ich helfe dir“
iubeo *te* = „ich befehle dir“
veto *te* = „ich verbiete dir“
fugio *te* = „ich fliehe vor dir“

DER VOKATIV

Er ist der Fall der direkten Anrede.

Bildung: er ist in der Regel formengleich mit dem Nominativ:

puella, veni! = Mädchen, komm!
amici, venite! = Freunde, kommt!

Ausnahmen:

☆ Wörter auf ***-us, -i*** bilden den Vokativ (Sg.) auf ***-e***:
Marce, veni! = Markus, komm!

☆ Wörter auf ***-ius*** bilden den Vokativ (Sg.) mit ***-i***:
Fili, ubi es? = Sohn, wo bist du?

☆ ***meus*** hat den Vokativ ***mi***: *Tu quoque, mi fili?* = Auch du, mein Sohn?

DER ABLATIV – ein heikler Fall!

Faustregel:

Für den Ablativ gibt es eine Reihe verschiedener Fragen (siehe Übersichtstabelle auf Seite 115). Die am häufigsten anwendbaren sind **„womit?"**, **„wodurch?"**, **„wovon?"**. Dabei gilt:

- ☆ **Personen** stehen im Ablativ meist **mit Präposition**;
- ☆ **Sachbegriffe** stehen im Ablativ meist **ohne Präposition**.

Besondere Verwendungsarten:

- ☆ als **Vergleichsablativ** vor oder nach einem Komparativ statt *quam*: *nihil pulchrius lingua Latina est (= nihil pulchrius est quam lingua Latina)* = nichts ist schöner als die lateinische Sprache
- ☆ als **Ablativ der Eigenschaft** *(Abl. qualitatis)*: gleichbedeutend mit dem Genetiv der Eigenschaft (siehe Seite 110)
  Caesar vir summa virtute fuit (= Caesar vir summae virtutis fuit) = Cäsar war (ein Mann von höchster Tapferkeit =) ein sehr tapferer Mann

Wörter, die den Ablativ verlangen
☆ **Präpositionen: *ab, ex, de, cum, sine, pro, prae*** (siehe Seite 106)
☆ **Verba: *gaudere*** (sich freuen über), ***carere*** (etwas entbehren, nicht haben), ***egere*** (etwas brauchen), ***prohibere*** (von etwas abhalten), ***liberare*** (von etwas befreien), ***vacare*** (von etwas frei sein) u. a.
☆ **Adjektiva: *(in)dignus 3*** (einer Sache würdig), ***contentus 3*** (zufrieden mit), ***praeditus 3*** (ausgestattet mit), ***plenus*** (voll mit) u. a.

ÜBERSICHT:
DIE WICHTIGSTEN LATEINISCHEN KASUSFUNKTIONEN

FRAGE	ÜBERSETZUNG	BEZEICHNUNG	BEISPIEL
		GENETIV	
wessen?	(als Genetiv)	Genetiv des Besitzers	*villa avi pulchra est*
—	**„von", „mit"**	Eigenschaftsgenetiv	*vir summae virtutis est*
—	**„von"**	Teilungsgenetiv	*quis nostrum?*
—	(mit passender Präposition)	Genetivus obiectivus	*meus amor patriae magnus est*
		DATIV	
wem?	(als Dativ)	Objektsdativ	*pater mihi fabulam narrat*
—	**„haben"**	Dativ des Besitzers	*mihi multi amici sunt*
wofür?	**„für"**	Dativ des Vorteils	*non scholae, sed vitae discimus*
wozu?	**„dienen zu"** o. ä.	Zweckdativ bei *esse*	*hoc mihi gaudio fuit*
		AKKUSATIV	
wen?, was?	(wörtlich)	Objektsakkusativ	*linguam Latinam amo*
wohin?	**„in", „nach", „auf"**	Richtungsakkusativ (meist + *in*)	*mox in Italiam migrabo*
wie lange?	(wörtlich)	Akkusativ der Zeitstrecke	*duas horas dormivi*

FRAGE	ÜBERSETZUNG	BEZEICHNUNG	BEISPIEL
		ABLATIV	
womit?, wodurch?	**„durch“, „mit“**	Mittelsablativ	*oculis videmus*
wann?	(je nach Zusammenhang)	Zeitablativ	*meridie dormire soleo*
wo?	**„in“, „auf“**	Ortsablativ (+ *in*)	*in urbe fuimus*
wovon?	**„von“**	Trennungsablativ	*te periculo liberavi*
wovon?, von wem?	**„von“**	Abl. des Grundes (beim Passiv)	*a te servatus sum* *auxilio tuo servatus sum*
wie?	(je nach Zusammenhang)	Abl. der Art und Weise	*more Romanorum*
(beim Komparativ)	**„als“**	Vergleichsablativ	*Marcus Iulio maior est*
—	**„von“** oder frei	Abl. der Eigenschaft	*vir summa virtute est*

Übersetze alle Beispiele der vierten Spalte!

Auf dass dir die Fälle nicht davonschwimmen!

126 Übersetze und gib die genaue Kasusbezeichnung für die *kursiv* gedruckten Substantiva an!

1. *Nocte* incendium cuncta aedificia delevit. (Kasus: Ablativ der Zeit)
2. Magna erat laetitia *puerorum*. (______________________________)
3. Magna erat laetitia *victoriae*.
4. Cui *vestrum* Asterix ignotus est?
5. Cottidie *duas horas* discere debeo.
6. *Plerisque Romanis* multi liberi, sed pauci libri erant.
7. Nullus poeta Romanus *Vergilio* clarior fuit.
8. Etiam Romani metu *Germanorum* affecti erant.
9. Tibi semper gratiam *huius beneficii* habebo.
10. *Omnium Gallorum* fortissimi erant Belgae.
11. Caesar ante mortem exclamavisse dicitur: „Et (= etiam) tu, *Brute*?"
12. Parentes *exspectatione* celerius domum revenerunt.
13. *Aetate* Marci Aurelii imperium Romanum usque ad Danuvium pertinuit.

127 Nach einem kurzen „otium" kannst du dich auch noch an den folgenden Sätzen versuchen:

1. *In nostro horto* multae arbores sunt.
2. Roma *anno* DCCLIII ante Christum natum condita esse dicitur.
3. Mars deus apud Romanos *summo honore* erat.
4. Cui timor *lupi mali* est?
5. Iulia puella *summa pulchritudine* est.
6. Hoc pensum tibi *magno usui* erit.
7. Somnium *(„Traum")* me metu *rerum adversarum* affecit.
8. Romani liberos *more* maiorum educare solebant.
9. *Matri* summa cura *filii aegri* fuit.
10. Cicero vir *summae eloquentiae (eloquentia, -ae; „Beredsamkeit")* fuit.
11. Heri Marcus *summo studio* vocabula didicit.
12. *In hoc colle* olim castra Romana sita erant.
13. Caesar *brevi tempore* Roma in Galliam pervenit.

128 Du wirst es vielleicht nicht glauben, aber auch im lateinischen Asterix werden dieselben Kasus wie in den Werken von Caesar, Cicero & Co. verwendet. Hier der Beweis (bestimme wieder die *kursiv* gedruckten Ausdrücke!):

1. Vicus quidam a *Gallis invictis* habitatus Romanis resistere non desinit.
2. Huic viro *ingenio callido* omnia periculosa mandata *(mandatum, -i „Auftrag")* committuntur. (Die Rede ist von Asterix)
3. *Panoramigi* praeceptum *(„Rezept")* potionis magicae *(potio magica „Zaubertrank")* est.
4. Cantorix *se ipsum* ingeniosum *(ingeniosus 3 „genial")* iudicat, at ceteri hoc dicere solent: „*Nullo modo* cantabis, Cantorix, *nullo modo*!"
5. „*Nullo modo*, Obelix, potionem magicam accipies!" *(Das kann nur Miraculix sein, der das ausruft!)*
6. „Semper bibite vinum vere originale, et *curis* liberi eritis!" *(So wurde im Kolosseum angeblich für Wein geworben . . .)*

129 Setze im folgenden Text über den Raub der Göttin Proserpina durch den Unterweltsgott Pluto die in Klammer stehenden Ausdrücke im jeweils richtigen Fall ein!

Sicilia insula ______________________________ (antiqua tempora) Cereri Proserpinaequae sacra erat, quod illae duae deae ibi natae esse dicuntur. Ut incolae narrare solent, olim Pluto, dum Cereris filia prope urbem Hennam flores colligit *(colligere „sammeln")*, apparuit statimque __________ (amor) virginis pulcherrimae affectus est. Sine mora Proserpinam, quae frustra nomen ________ (mater) clamavit, secum sub ________ (terra) duxit. Paulo post Ceres, quae de __________ *(raptus, -us „Raub")* certior facta erat, Siciliam petivit ibique filiam quaesivit. Denique ad _________ (fons) Cyanes *(Cyane, -es, eine Quellnymphe)* pervenit, quam Pluto in aquam mutaverat. Cyane, quamquam dicere non potuit, tamen _______ (dea) adiuvit: Zonam *(zona, -ae „Gürtel")* enim, quam Proserpina, dum rapitur, amiserat, in __________ (undae) monstravit. Ita mater primum vestigium filiae invenit.

NILPFERD

**Du kannst dich nicht mehr konzentrieren?
Du sitzt schon viel zu lange bei deinen Hausaufgaben?**

Tanke wieder Energie:
Du stehst, die Beine sind hüftbreit auseinander, die Füße zeigen gerade nach vorne. Die Knie sind gebeugt und leicht federnd. Du schwingst nun die gestreckten Arme abwechselnd nach vorne und hinten.
Achte darauf, dass der Arm vorne und der Arm rückwärts mit den Schultern eine Linie bilden.

**Wiederholung der Übung:
50-mal mit jedem
Arm nach vorne**

STÄDTENAMEN

Lateinische Städtenamen haben – im Gegensatz zu Ländernamen – folgende Besonderheit: sie stehen **ohne Präpositionen**! Ansonsten gelten aber dieselben Regeln wie bei den sonstigen Ortbestimmungen:

Frage „wohin?" → Akkusativ
Frage „woher?" → Ablativ

Eine Besonderheit gibt es nur bei der **Frage „wo?"**:

✰ bei **Ortsnamen auf *-us*, *-a*** oder ***-um*** steht der **Lokativ** (dieser sieht aus wie der Genetiv der jeweiligen Deklination):

Romae (1. F.: *Roma*) = in Rom
Londinii (1. F.: *Londinium*) = in London

✰ bei allen **anderen Ortsnamen** steht der reine **Ablativ**:

Athenis (1. F.: *Athenae*) = in Athen

Zusammenfassung			
Frage	**Länder**	**Städte/kleine Inseln**	
		auf *-us, -a, -um*	**alle anderen**
wohin? → ·	*in Italiam*	*Romam*	*Athenas*
woher? · →	*ex Italia*	*Roma*	*Athenis*
wo? ·	*in Italia*	*Rom**ae***	*Athenis*

Welche Formen sind bei den Städtenamen also nicht eindeutig? (Betrachte dazu die oben stehende Tabelle!)

____

130 Welche von den folgenden Formen sind eindeutig Genetiv, welche können auch Lokativ sein?

Carthaginis – Neapolis – Londinii – Syracusarum – Lutetiae – Germaniae

Wie die Städtenamen verhalten sich auch ***domus*** (Haus) und ***rus*** (Land):

domum = nach Hause	wohin? →•	***rus*** = aufs Land
domo = von zu Hause	woher? •→	***rure*** = vom Land
domi = zu Hause	wo? •	***ruri*** = auf dem Land

131 Übersetze:

1. in Österreich ______________________
2. nach Deutschland ______________________
3. nach London ______________________
4. aus Griechenland ______________________
5. aus Athen ______________________
6. in Athen ______________________
7. in Paris ______________________
8. nach Wien ______________________
9. nach Hause ______________________
10. auf dem Land ______________________
11. nach Syrakus ______________________
12. aus Karthago ______________________
13. zu Hause ______________________

132 Setze in den folgenden Sätzen den richtigen Fall des in Klammer stehenden Wortes ein:

1. Cum __________ (Roma) fuimus, etiam Amphitheatrum Flavium visitavimus.
2. Hannibal, cum ______________ (Hispania) in Italiam migravit, etiam elephantos secum duxit.
3. Aeneas, qui Troiam reliquerat, multos post errores _______________ (Carthago,-inis) venit, ubi a Didone regina bene acceptus est.

Duo adulescentes conveniunt. Alter: „Fuistine iam Romae?" – Alter: „Numquam." – „Ergo fratrem meum novisti!" – „Qua de causa?" – „Etiam ille numquam Romae fuit!"

Eine Reise durch Österreich

Iulia, puella Austriaca, de feriis proximis narrat:

Hac aestate cum mea familia magnum iter feci. Primum autoraeda Aquis, ubi habitamus, Viennam vecti sumus, ubi avos convenimus. Unde taxiraedarius *(„Taxifahrer")* nos ad aeriportum, qui prope antiqua castra Carnuntina situs est, vexit. Aeroplano Vienna Brigantium volavimus. Qua in urbe quinque dies manere in animo habuimus, sed quoniam pater deversorium *(„Hotel")* non praenotaverat *(„vorbestellen")* neque nos non sub ponte vivere voluimus, vehiculo conducto *(„gemietet")* in quendam parvum vicum Raetiae vecti sumus, ubi cum parentibus et avis in minimo cubiculo dormire debui. Quod cottidie pluebat, ambulare non potuimus, sed totum diem chartis lusimus *(chartis ludere „Karten spielen")*. Imprimis lusus *(„Spiel")*, cui nomen „Petrus Ater" est, mihi maxime placuit. Post nonnullos dies autoraedam reddere et tramine ferriviario Brigantio Iuvavum migrare constituimus. Ibi quidem item pluit neque ullum deversorium liberum erat, sed per fortunam quosdam familiares visitavimus, apud quos dormire potuimus. Tum autoraeda longa Castra Batava iter fecimus, ubi navem conscendimus *(„besteigen")*, qua Castris Batavis Lentiam, Lentia Viennam navigavimus. Ceterum etiam per navigationem *(„Schifffahrt")* semper pluebat. Nunc, postquam Aquas reveni, sol in caelo lucet *(„scheinen")*, et cras primum post ferias scholam petam . . .

Sämtliche hier vorkommenden Ortsnamen und Verkehrsmittel findest du auf der Karte rechts eingezeichnet!

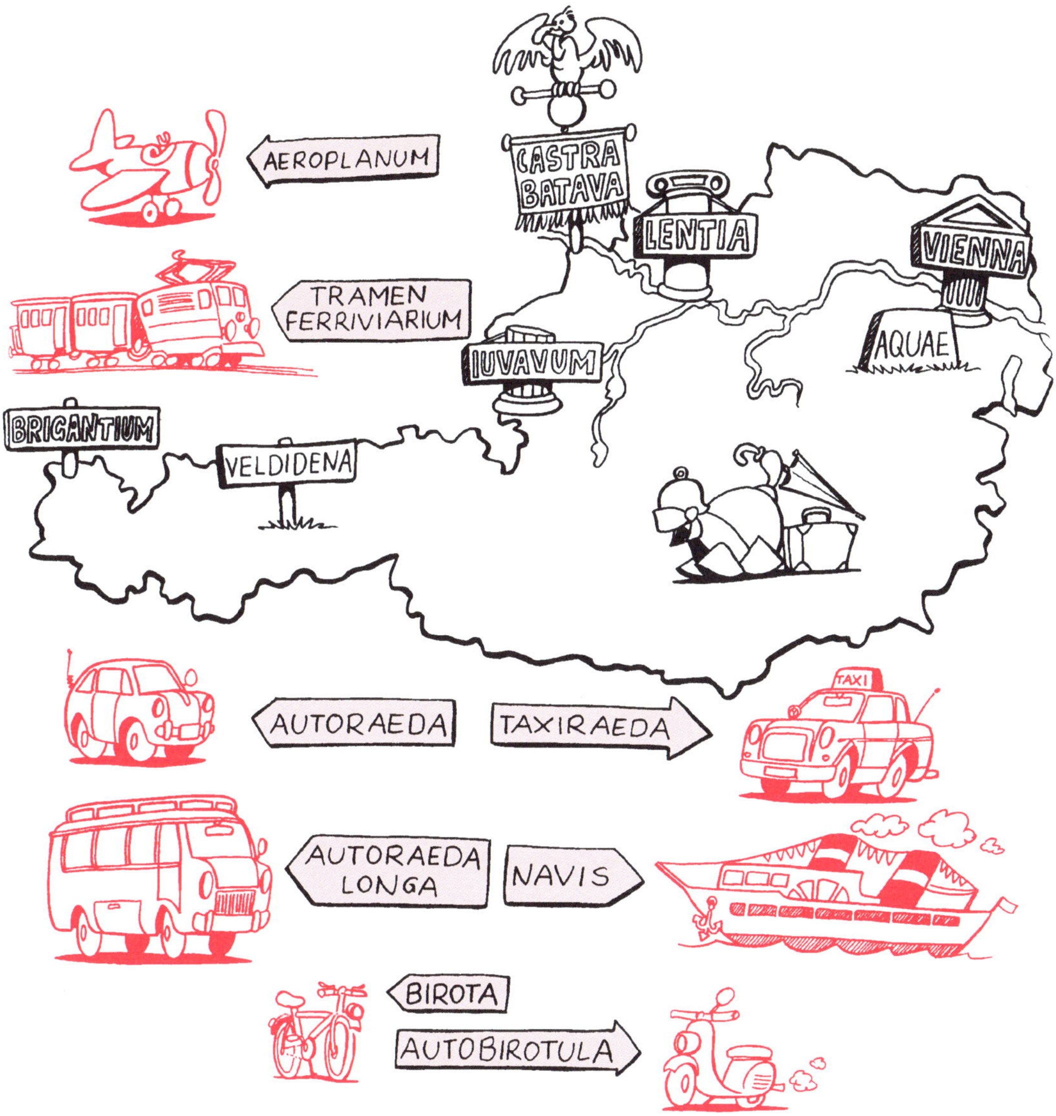

AEROPLANUM
CASTRA BATAVA
LENTIA
VIENNA
TRAMEN FERRIVIARIUM
IUVAVUM
AQUAE
BRIGANTIUM
VELDIDENA
AUTORAEDA
TAXIRAEDA
TAXI
AUTORAEDA LONGA
NAVIS
BIROTA
AUTOBIROTULA

PARTICIPIUM CONIUNCTUM

Ein Partizip steht im Lateinischen oft nicht unmittelbar neben dem Substantiv, mit dem es übereingestimmt ist, sondern ist durch ein oder mehrere Wörter von diesem getrennt, d. h., das Partizip bildet mit dem Nomen eine sogenannte **Sperrung**:

Ein Partizip, das mit seinem Bezugswort eine solche Sperrung bildet, wird – egal, ob es sich um ein Partizip Präsens oder Perfekt handelt – ***Participium Coniunctum*** („verbundenes Partizip") genannt.

Wie übersetze ich ein *Participium Coniunctum*?

Eine **wörtliche Übersetzung** eines *Participium Coniunctum* ergibt meistens kein gutes Deutsch:

Äneas, *von Troia nach Italien* ***segelnd***, verlor viele Gefährten.

Daher ist es besser, solche Sperrungen aufzulösen. Am einfachsten geht das mit einem **Relativsatz**:

Äneas, ***der*** *von Troia nach Italien* ***segelte***, verlor viele Gefährten.

Es gibt aber noch einige andere Möglichkeiten, Sperrungen zu übersetzen:

☆ als **Hauptsatz**:	beiordnend	**„und"**
☆ als **Gliedsatz**:	relativ	**„der/die/das"**
	temporal	**„als", „nachdem", „während"**
	kausal	**„weil"**
	konzessiv	**„obwohl"**
	konditional	**„wenn"**
	modal	**„indem"**
☆ als **Präpositionalausdruck**		mit einem **Vorwort + Hauptwort**

133 Versuche, den Satz von Seite 124 auf die genannten Arten zu übersetzen, und klammere die Übersetzung ein, wenn sie dir nicht sinnvoll erscheint:

1. beiordnend: ______________________________
2. temporal: ______________________________
3. kausal: ______________________________
4. konzessiv: ______________________________
5. konditional: ______________________________
6. modal: ______________________________

Präpositionalausdruck: „Bei der Fahrt von Troja nach Italien verlor Äneas viele Gefährten."

NOTA BENE

Für die Erstübersetzung ist es am besten, wenn du die Auflösung als **Relativsatz** wählst. Danach kannst du, je nach Zusammenhang, eine der anderen Übersetzungsmöglichkeiten wählen.

Welche Auflösungsmöglichkeit für das *Participium Coniunctum* wird die günstigste sein, wenn im Satz das Wort *tamen* (= „dennoch") vorkommt?

____

Achte bei der Auflösung von Partizipia genau auf die **Art des Partizips**. Es macht einen großen Unterschied, ob es sich um ein Partizip Präsens oder Perfekt handelt:

> ☆ **Partizip Präsens → aktiv + gleichzeitig**
> ☆ **Partizip Perfekt → passiv + vorzeitig**

Partizipia drücken also keine bestimmte Zeit, sondern ein **Zeitverhältnis** (zum Prädikat des Satzes, in dem sie stehen) aus:

☆ **gleichzeitig** heißt, dass die Handlung des Partizips Präsens **zum selben Zeitpunkt** wie die des übrigen Satzes stattfindet / stattgefunden hat.

☆ **vorzeitig** heißt, dass die Handlung des Partizips Perfekt **vor** der des restlichen Satzes stattgefunden hat.

Zur Veranschaulichung kann der folgende **„Zeitstreifen"** dienen:

Plusquamperfekt | Perfekt/Imperfekt | Präsens

> ☆ **Partizip Präsens → auf gleicher Stufe**
> ☆ **Partizip Perfekt → eine Stufe nach links**

134

1. Es kann also durchaus der Fall sein, dass du ein Partizip Präsens mit dem Imperfekt übersetzt. Wann ist das nötig?

____

2. Bei welchem Partizip darf man „während", bei welchem „nachdem" als Übersetzungsmöglichkeit **nicht** wählen?

____

3. Ergänze die folgende Tabelle unter Berücksichtigung der oben genannten „Eigenschaften" der Partizipia:

Zeit des Prädikats im Hauptsatz	Partizip	Zeit im deutschen Gliedsatz
Präsens	Präsens	__________
	Perfekt	__________
Imperfekt/Perfekt	Präsens	__________
	Perfekt	__________

Achte beim Übersetzen darauf, welche Wörter zwischen dem Bezugswort und dem Partizip „eingesperrt" sind. Diese Wörter darfst du beim Übersetzen nur auf das Partizip beziehen!

Puer vehementer vituperatus flet

Richtig: Der Bub, der **heftig getadelt** wurde, weint.
Falsch: Der Bub, der getadelt wurde, **weint heftig**.

135 Zeichne die Sperrung ein und übersetze auf die bestmögliche Art:

1. Graeci Troianos bene dormientes nocte necaverunt.
2. Orpheus voce dulci canens non solum homines, sed etiam animalia movisse dicitur.
3. Imperium Romanum virtute militum auctum usque ad Britanniam pertinuit.
4. Caesar in Galliam missus et Helvetios et Ariovistum vicit.
5. Omnes auxilium petentes adiuvare debemus.
6. Paucissimi viri ex urbe ab hostibus oppugnata fugere potuerunt.
7. Aeneas eiusque socii Troiam a Graecis deletam reliquerunt et in Italiam navigaverunt.
8. Magister celeriter intrans clamat: „Salvete, discipuli, et considite!"
9. Roma virtute unius militis fortiter pugnantis a Gallis servata est.
10. Galli saepe pugna victi tamen Romanos non timebant.
11. Achilles Hectorem urbem summa vi defendentem necavit.
12. Troia iam multos annos a Graecis frustra oppugnata denique dolo unius viri expugnata et vastata est.
13. Multi homines Forum Romanum visitantes magna Romanorum admiratione afficiuntur.
14. Vobis petentibus libenter aderimus.
15. Sero *(„zu spät")* veniens nihil nisi ossa *(os, ossis „Knochen")* accipies.
16. Parentes suos quaerens Marcus per totam urbem erravit. Magna voce clamans tamen eos non invenit.
17. Dentista *(„Zahnarzt")* dentem malum evellens *(evellere „herausreißen")* me dolore ingenti liberavit.

136 Ordne die folgenden Wortgruppen den Sätzen zu und übersetze:

amore Pyrami *(Pyramus, -i, ein Jüngling)* commota – Alpes transcendentis *(transcendo 3 „überschreiten")* – alas *(ala, -ae „Flügel")* facientem – magna voce clamantes – ab Aenea clam relicta – a Gallis diu oppugnata

1. Anseres *(„die Gänse")* ______________________________

   Romanos a Gallis servaverunt.
2. Icarus patrem ______________________ magna admiratione

   spectavit.
3. Dido ____________________________ eum eiusque socios devovit.

   (devoveo 2, devovi „verwünschen")
4. Thisbe ________________________________ custodes

   („Wächter") fefellit et nocte clam domum reliquit.
5. Magnae erant difficultates Hannibalis *(Hannibal, -alis)* __________

   _________________ .
6. Urbs ______________________________tamen expugnata non est.

Homo quidam tonsori (tonsor, -oris „Friseur") interroganti „Quomodo te tondeam („soll ich scheren")?" respondit: „Tacitus!"

Unus e geminis mortuus erat. Homo quidam stultus alterum conspiciens ex eo quaesivit: „Utrum ipse mortuus es an frater tuus?"

Noch mittelmäßig bei den Mittelwörtern?

Um zu überprüfen, ob du wirklich mit dem *Participium Coniunctum* schon auf Du bist, fülle die folgende Zusammenfassung aus!

Ein *Participium Coniunctum* ist ein Partizip, das mit einem Nomen eine

________________ bildet. Eine solche Partizipialkonstruktion wird selten

wörtlich, sondern entweder **beiordnend** oder als **Gliedsatz** übersetzt.

Die für den Gliedsatz geeigneten deutschen Konjunktionen

(= ______________) lauten:

1. ______________, 2. ____________________________________

3. ____________, 4. ________, 5. ________, 6. ____________

Bei jeder dieser Möglichkeiten muss man darauf achten, ob es sich um ein Partizip Präsens oder Perfekt handelt: (Nichtzutreffendes streichen)

☆ Partizip Präsens: _______zeitig und aktiv / passiv

☆ Partizip Perfekt: _______zeitig und aktiv / passiv

Als Erstübersetzung für ein Partizip Perfekt passt meistens

____

Kommt in einem Satz *tamen* vor, löst man das Partizip mit einem durch

„__________" eingeleiteten Gliedsatz auf.

AUSWERTUNG

Für jede richtig ausgefüllte Lücke bzw. jede richtige Streichung gibt es 1 Punkt:

14–13 Punkte: *Optime!*

12–10 Punkte: *Satis*

9–0 Punkte: *Parum!* Bist du sicher, dass du an den Lektionen über das Partizip partizipiert hast? Nochmals zurück zu Seite 124!

NcI

NcI ist die Abkürzung für *Nominativus cum infinitivo* (Nominativ mit Infinitiv). Diese Konstruktion findest du beim Passiv bestimmter Verba:

videor	= ich scheine = es scheint, dass ich
dicor	= ich soll (angeblich) = man sagt, dass ich
existimor, putor	= man glaubt, dass ich
iubeor / vetor	= mir wird befohlen / verboten
fertur / feruntur ***traditur / traduntur***	= man berichtet, dass er / sie (nur 3. P.)

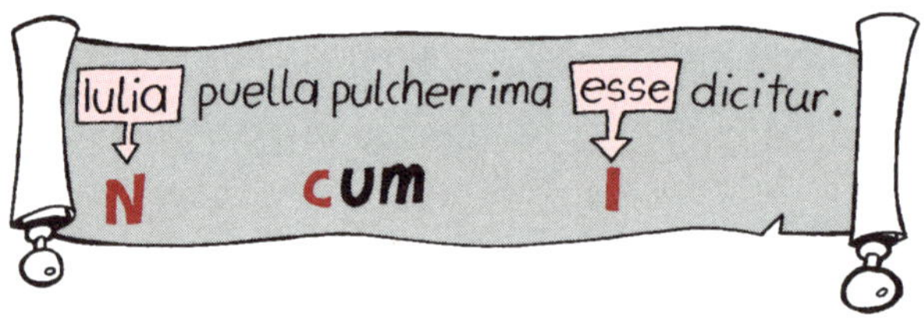

= Man sagt, dass Julia ein sehr hübsches Mädchen ist.
= Julia soll ein sehr hübsches Mädchen sein.

(Den NcI gibt es übrigens auch im Englischen: Julia is said to be a very nice girl.)

137 Übersetze:

1. Marcus aeger esse videtur.
2. Marcus Iuliaque aegri esse videntur.
3. Sero *(„zu spät")* in scholam venire vetamur.
4. A matre domi manere iubeor.
5. Discipulus bonus esse putaris.
6. Heri domi non fuisse videris.

Außer durch die zwei oben angeführten Übersetzungsmöglichkeiten kannst du den NcI auch durch einen **Einschub** wiedergeben:

Iulia puella pulcherrima esse dicitur.

= (Man sagt, dass Julia ein sehr hübsches Mädchen ist. =) Julia ist, **wie man sagt**, ein sehr hübsches Mädchen.

138 Übersetze die folgenden Sätze auf möglichst viele verschiedene Arten:

1. Hannibal acerrimus hostis Romanorum fuisse dicitur.
2. Romulus fratrem necavisse dicitur.
3. Hannibal sponte sua e vita cessisse fertur.
4. Antiquis temporibus multi homines, qui Delphis templum Apollinis adierunt, consilio oraculi adiuti esse dicuntur.
5. Caesar ante mortem exclamavisse dicitur: „Et (= etiam) tu, Brute?"
6. Imperator Nero Romam incendisse existimatur.
7. Virgines Vestales apud Romanos summo honore fuisse traduntur.

139 Setze die folgenden Infinitive in die Lücken ein:

transcendisse – amari – acceptus esse – visitavisse – necatus esse

1. Remus a fratre ______________________________ dicitur.
2. Romulus post mortem inter deos __________________ traditur.
3. Hannibal cum exercitu Alpes ___________________ fertur.
4. Iam plurimas terras _______________ videmini.
5. Lingua Latina etiam hodie a multis __________ videtur.

GRAMMATIK GANZ OHNE DRAMATIK!

Im Folgenden findest du 16 deutsche Grammatik-Fachausdrücke, die in diesem Buch vorkommen. Wenn du ihre lateinischen Bezeichnungen herausfindest und die Buchstaben aneinander reihst, die durch die Zahlen in Klammer zu ermitteln sind, erfährst du, wie die alten Römer das Kleidungsstück „Dirndl" bezeichnet hätten (die Lösung besteht aus zwei Wörtern).

1. Wirklichkeitsform = ... [.]
2. Abwandlung der Substantiva = . [.] . . . .
3. Vorwort = ... [.] . . . . .
4. Bindewort = ... [.] . . .
5. rückbezüglich = ... [.] .
6. Leideform = . . . [.] . .

7. Ergänzung = ... [.]
8. Beisatz = ... [.] . .
9. Satzaussage = . [.] . . . . . .
10. Mehrstufe = . [.] . . . .
11. Selbstlaut = ... [.]
12. deklinierbares Wort = . . . [.] .
13. Abwandlung von Verben = . . [.] . . . .
14. Satzgegenstand = [.] . . . . . .
15. Beifügung = ... [.] . . .
16. Meiststufe = [.] . . . .

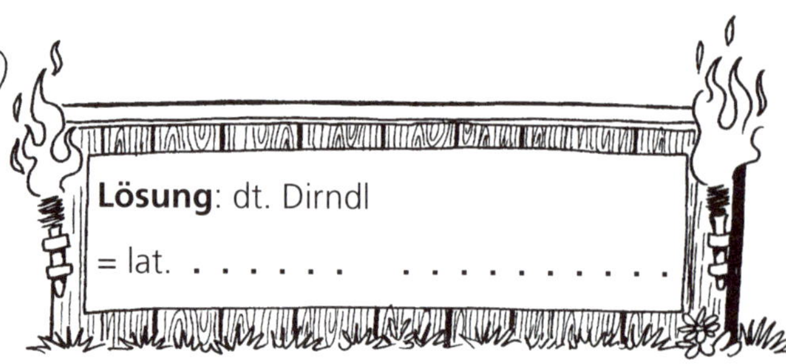

Lösung: dt. Dirndl

= lat. . . . .

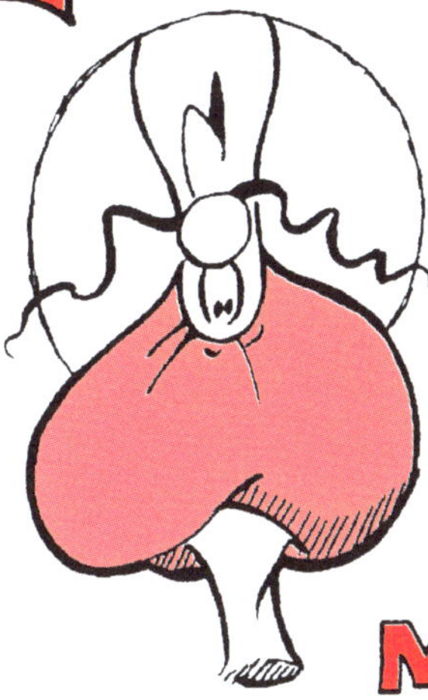

MUDRA ZUM GEHIRNEINSCHALTEN

Dir fehlt die zündende Idee?
Du hast Angst, dass dir bei der Prüfung nichts mehr einfällt?
Dir fehlt die Motivation zum Lernen?

Schalte dein Gehirn wieder ein:
Du legst die Daumenkuppen auf Ring- und Kleinfingernagel.
Halte diese Stellung mit beiden Händen gleichzeitig.
Das Mudra solltest du 6-mal täglich machen. Natürlich auch dann, wenn du dein Gehirn dringendst brauchst; vor einer Prüfung zum Beispiel.

Dauer der Übung:
mindestens 4 Minuten

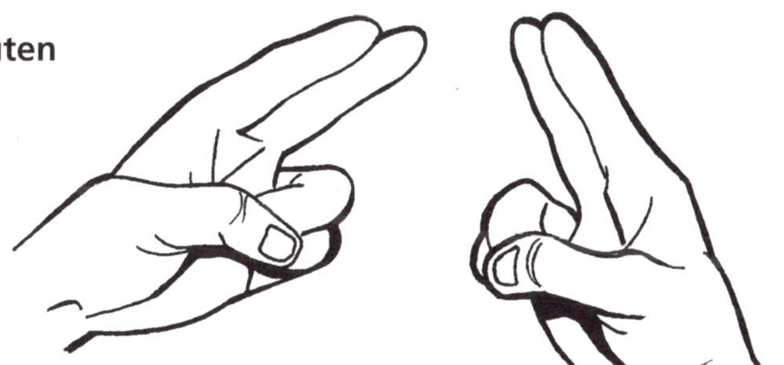

WIE ÜBERSETZE ICH RICHTIG?

WIE GEHE ICH BEIM ÜBERSETZEN VOR?

Grundregel: Übersetze immer **linear**, d. h. der Reihe nach von vorne nach hinten. Stelle die Wörter nicht um, es sei denn, es ist nach den Gesetzen des deutschen Satzbaus unvermeidlich.

Beachte dabei folgende Wortstellungsregeln:

1. Das **Prädikat** des **Hauptsatzes** steht im Deutschen als zweites Satzglied, im Lateinischen dagegen (meist) an letzter Stelle

   → transferiere das lateinische Prädikat, sobald du es aufgespürt hast, an die zweite Stelle nach vorne!

   Aeneas urbem Troiam, postquam a Graecis expugnata est, reliquit.

   Äneas verließ die Stadt Troja, nachdem sie von den Griechen erobert worden war.

   (Das Prädikat des **Gliedsatzes** steht dagegen, wie du hier am *postquam*-Satz siehst, in beiden Sprachen an letzter Stelle – es bereitet daher beim Übersetzen keine Schwierigkeiten!)

2. Bei einem lateinischen **Gliedsatz** musst du mit dem **Einleitewort** beginnen. Danach suche das **Subjekt**; dieses steht entweder unmittelbar daneben oder ist im Prädikat am Ende des Gliedsatzes enthalten.

   Aeneas urbem Troiam, postquam a Graecis expugnata est, reliquit.

   Äneas verließ die Stadt Troja, nachdem sie von den Griechen erobert worden war.

3. Stößt du beim Übersetzen auf einen **Genetiv**, der „in der Luft hängt", also keinen Sinn ergibt, da ihm das Bezugswort fehlt, schaue weiter im Satz – das folgende Wort ist meist jenes, von dem der Genetiv abhängt. Übersetze dieses dann vor dem Genetiv.

Romulus Romae primus rex fuit.

Romulus war der erste König Roms.

4. **Partizipia**, die nicht unmittelbar neben dem Substantiv stehen, mit dem sie übereingestimmt sind, sondern eine **Sperrung** bilden (*Participium Coniunctum*, siehe Seite 124), sind nicht wörtlich zu übersetzen, sondern zu einem Gliedsatz aufzulösen:

Aeneas urbem Troiam a Graecis post decem annos expugnatam reliquit.

Äneas verließ die Stadt Troja, die von den Griechen nach 10 Jahren erobert worden war.

WIE KANN ICH DEN AUFBAU EINES SATZES GRAPHISCH DARSTELLEN?

Vor allem bei längeren Satzgefügen mit mehreren Gliedsätzen (GS) kannst du den Aufbau des Satzes leichter analysieren, wenn du eine der folgenden Methoden als visuelles Hilfsmittel anwendest.

Beispielsatz:

Aeneas urbem Troiam, postquam a Graecis, qui diu auxilio deorum caruerant, denique decimo anno expugnata est, cum paucis sociis reliquit.

1. Die Einrückmethode

HS	GS 1	GS 2
Aeneas urbem Troiam,		
	postquam a Graecis,	
		qui diu auxilio deorum caruerant,
	denique decimo anno expugnata est,	
cum paucis sociis reliquit.		

Der Hauptsatz steht ganz außen am linken Rand, die Gliedsätze werden ihrem Abhängigkeitgrad entsprechend nach rechts eingerückt. Durch diese Methode kannst du leicht die zusammengehörigen Teile des Satzes erkennen, besonders welches Prädikat zu welchem Satzteil gehört (z. B. dass *reliquit* das Prädikat des HS, *expugnata est* hingegen jenes des *postquam*-Satzes ist, etc.)

2. Die Kästchenmethode

HS	*Aeneas urbem Troiam*				*cum pauci sociis reliq*
GS 1		*postquam a Graecis,*		*denique X. anno expugnata est,*	
GS 2			*qui diu auxilio deorum caruerant,*		

Hier sind HS und GS nicht nebeneinander, sondern untereinander, also auf verschiedenen Ebenen, angeordnet (weshalb du für deine Satzanalyse mehr Platz in der Breite brauchst). Auch hier kannst du wieder auf einen Blick die Grundstruktur des Satzes erkennen.

3. Die Unterstreichungsmethode

Diese Methode erfordert den geringsten Aufwand, da du den Satz nicht noch einmal schreiben, sondern nur bestimmte Wörter unterstreichen musst: das Prädikat des Hauptsatzes doppelt, das Prädikat des ersten Gliedsatzes sowie das dazugehörige Bindewort einfach, Prädikat und Bindewort des zweiten Gliedsatzes strichliert:

Aeneas urbem Troiam, postquam a Graecis, qui diu auxilio deorum caruerant, denique decimo anno expugnata est, cum paucis sociis reliquit.

Auch hier ist es das Ziel der Analyse, den Haupt- und die diversen Gliedsätze genau voneinander zu trennen sowie die Zugehörigkeit der einzelnen Prädikate zu erkennen.

4. Die Abtrennungsmethode

Bei dieser Methode geht es darum, zusammengehörige Wortblöcke und Satzglieder zu erkennen:

Aeneas | urbem Troiam, | postquam | a Graecis, | qui | diu | auxilio deorum | caruerant, | denique decimo anno | expugnata est, | cum paucis sociis | reliquit.

Wie lautet die Übersetzung des Beispielsatzes?

140 Führe die vier verschiedenen Satzanalysemethoden anhand des folgenden Satzes durch:

Romulus et Remus, quamquam iussu avunculi crudelis expositi erant, tamen non interierunt, quod a lupa, quae eos alebat, inventi sunt.

— DIE 10 WICHTIGSTEN ÜBERSETZUNGSTIPPS —

Nicht nur dir, sondern auch schon vielen Lateinschülern vor dir sind bestimmte Fehler immer wieder passiert. Wenn du dir die folgende Zusammenfassung dieser „Lieblingsfehler" und die dazugehörigen Tipps gut einprägst, wirst du genau diese Fehler in Zukunft mit Sicherheit nicht mehr begehen! (In Klammer findest du jeweils die Seite angegeben, auf der du nochmals genauer über das jeweilige Kapitel nachlesen kannst.)

TIPP 1: Dativ oder Ablativ? (Seite 46)

PROBLEM: Wie weiß man, ob man Wörter mit den Plural-Endungen ***-is*** bzw. ***-ibus*** als Dativ oder Ablativ übersetzen soll?

TIPP: Im Zweifel entscheide dich

- ☆ **bei Personen** für den **DATIV** (da Personen im Ablativ meist mit Präposition stehen): *hominibus* = den Menschen
- ☆ **bei Sachen** für den **ABLATIV**: *rebus* = durch die Sachen

TIPP 2: Wie übersetze ich einen Ablativ? (Seite 114)

PROBLEM: Welche der vielen Übersetzungsmöglichkeiten für den Ablativ soll man wählen?

TIPP: Halte dich an folgende Faustregel: Steht der Ablativ ohne Präposition, probiere zunächst die Übersetzung **„mit"** oder **„durch"** – es sei denn, du findest ein „Signal", das eine andere Übersetzung erwarten lässt:

- ☆ der Ablativ gehört zum Wortfeld „Zeit" → Zeitablativ
(Frage „wann?"): *meridie* = zu Mittag, *hieme* = im Winter etc.
- ☆ davor oder danach steht ein Komparativ → Vergleichsablativ (Übersetzung des Ablativs: **„als"**)
te maior sum = ich bin größer als du

TIPP 3: Aktiv oder Passiv? (Seite 10)

PROBLEM: Die lateinischen Passivformen bestehen im Gegensatz zum Deutschen nur aus einer Form, daher kann man sie leichter mit den Aktivformen verwechseln.

TIPP A Präge dir folgende Präsensstammendungen besonders gut ein:

	Singular			Plural		
aktiv	***-o/-m***	***-s***	***-t***	***-mus***	***-tis***	***-nt***
passiv	***-(o)r***	***-ris***	***-tur***	***-mur***	***-mini***	***-ntur***

TIPP B Merke dir: Aktiv = ich tue etwas (P →)
Passiv = mit mir geschieht etwas (→ P)

Besonders verwechslungsgefährdet:
Präsens Passiv („ich werde gerufen“) ⟷ Futur Aktiv („ich werde rufen“)!

TIPP 4: Wieso steht hier ein Genetiv?

PROBLEM: Der Genetiv steht im Lateinischen oft **vor** dem Wort, von dem er abhängt: z. B. *Romanorum gloria* (was auch im Deutschen vorkommt, aber viel seltener: vgl. z. B.: „Des Kaisers neue Kleider“).

TIPP: Lässt sich ein Genetiv nicht sinnvoll übersetzen, da er „in der Luft hängt“, übersetze zunächst das nächste Wort und erst dann den Genetiv:

Romanorum gloria = der Ruhm der Römer

TIPP 5: „Wo?“ oder „Wohin?“ (Seite106 f.)

PROBLEM: Die lateinische Präposition ***in*** kann sich entweder mit dem 4. oder mit dem 6. Fall verbinden.

TIPP: Stelle entsprechend dem Fall, der auf *in* folgt, die Frage:

☆ ***in* + Akk.** → **„wohin?“** (Richtung: → •): *in Italiam* = **nach** Italien

☆ ***in* + Abl.** → **„wo?“** (Punkt: •): *in Italia* = **in** Italien

Dieselbe Regel gilt für Städtenamen; diese stehen allerdings **ohne Präposition** (*Athenas* = nach Athen; *Athenis* = in Athen)

TIPP 6: Welches Partizip? (Seite 126)

PROBLEM: Im Lateinischen kommt das Partizip Präsens viel häufiger vor als im Deutschen; es wird oft mit dem Partizip Perfekt verwechselt.

TIPP: Präge dir folgende Unterschiede gut ein:

- ☆ **Partizip Präsens** (***-ns/-nt-***, 3. Dekl.): aktiv + gleichzeitig (*laudans* = lobend)
- ☆ **Partizip Perfekt** (***-tus*** oder ***-sus 3***): passiv + vorzeitig (*laudatus* = gelobt)

TIPP 7: Wie übersetze ich ein Participium Coniunctum? (Seite 124)

PROBLEM: Im Lateinischen stehen Partizipia oft nicht direkt neben dem Bezugswort, sondern bilden mit diesem eine **Sperrung**:

Discipulus ***magistro*** *multa* ***roganti*** *nihil respondit.*

TIPP: Übersetze das Partizip nicht wörtlich, sondern bilde zunächst einen **Relativsatz**; danach wähle, je nach Sinn und Art des Partizips (siehe TIPP 6), eine der folgenden Übersetzungen:

als/nachdem/während; weil; obwohl; wenn; indem

Der Schüler antwortete dem Lehrer, der (als /obwohl er) viel fragte, nichts.

Steht ein **PPP vor dem Bezugswort**, wähle am besten die **wörtliche Übersetzung**:
Timore ***affecti*** *Galli fugerunt* = Von Furcht **erfüllt**, ergriffen die Gallier die Flucht.

TIPP 8: Was bedeutet *qui/quae/quod*? (Seite 82 ff.)

PROBLEM: Die Formen von *qui/quae/quod* dienen nicht nur als Relativpronomen, sondern auch als Fragepronomen und als relativer Anschluss.

TIPP: Beachte die Stellung des Pronomens:

- ☆ *qui* **vor** dem Bezugswort (+ Fragezeichen am Satzende) → Fragepronomen (**„welcher?"**) – *Qui amicus . . .?* = Welcher Freund . . .?
- ☆ *qui* **nach** dem Bezugswort (dazwischen Beistrich) → Relativpronomen (**„der"** / **„welcher"**) – *amicus, qui . . .* = der Freund, der / welcher . . .
- ☆ *qui* **am Beginn eines neuen Satzes**, Bezugswort im vorangegangenen Satz → relativer Anschluss (**„er"** / **„dieser"**) – *Amicum habeo. Qui . . .* = Ich habe einen Freund. Er / dieser . . .

TIPP 9: Wie übersetze ich Neutrum Plural bei Adjektiven? (Seite 69)

PROBLEM: Im Lateinischen gibt es bei substantivisch gebrauchten Adjektiven und Pronomina im Plural eigene Formen für das Neutrum, im Deutschen nicht, z. B. *cuncta, multa, illa, haec . . .*

TIPP: Übersetze das Neutrum Plural solcher Wörter mit dem **Singular** (oder im Plural mit der Ergänzung „Sachen") :

cuncta = alles (= alle Sachen)
multa = vieles (= viele Sachen)
illa = jenes (= jene Sachen)

Beachte, dass auch das **Prädikat im Plural** steht, wenn solche Formen als Subjekt verwendet sind:

multa mihi placent (Pl.) = vieles gefällt (Sg.!) mir

TIPP 10: Wie finde ich das Subjekt eines Gliedsatzes?

PROBLEM: Du bist vom Deutschen her gewohnt, dass auf das Bindewort, das einen Gliedsatz einleitet, unmittelbar das **Subjekt** folgt („wenn **ich** schlafe", „als **er** kam" . . .). Im Lateinischen ist dies aber nicht immer so, da z. B. Personalpronomina im Nominativ nur selten geschrieben werden.

TIPP: Übersetze nach dem Bindewort nicht automatisch das nächste Wort als Subjekt, sondern schaue zur Kontrolle auf das **Prädikat** des Gliedsatzes, da in ihm auf jeden Fall das Subjekt enthalten ist.

Ulixes, postquam equum ligneum ***construxit****, cum sociis ad insulam Tenedum navigavit.*

Odysseus segelte, nachdem **er** das hölzerne Pferd erbaut hatte, mit seinen Gefährten zur Insel Tenedos.

ÜBUNGSTEXTE

Hier kannst du nicht nur das Übersetzen längerer Texte üben, sondern auch einige wichtige Grammatikkapitel wiederholen.

TEXT 1: DER UNGLÜCKSBOTE

Was du bereits können solltest: Perfekt Aktiv (siehe Seite 18), konsonantische Deklination (siehe Seite 51), Possessivpronomina (siehe Seite 102)

Wie lange du brauchen darfst: Der Text umfasst etwa 170 Wörter; da er nicht schwer ist, müsstest du ihn in ca. 1 Stunde schaffen können.

Dominus quidam laetus de foro domum venit, postquam magnum lucrum *(lucrum, -i „Gewinn")* fecit. Obviam venit servus.

D(ominus), dum servum suum videt, dicit: „Num mihi, ut mos tuus est, rumores malos nuntias?"

S(ervus): „Non rumores malos nuntio, sed canis nostra parva Bispella mortua est."

D: „Quomodo mortua est?" – **S**: „Aliquis nostros duos mulos *(mulus, -i „Maultier")* terruit. Itaque muli ruperunt frena *(frenum, -i „Zaum", „Halfter")* et, dum fugiunt, pedibus suis canem necaverunt."

D: „Ubi muli nunc sunt?" – **S**: „In puteum *(puteus, -i „Grube")* ceciderunt et mortui sunt."

D: „Quis mulos terruit?" – **S**: „Filius tuus de solario *(solarium, -i „Balkon")* cecidit et mortuus est; ita mulos terruit."

D: „Quid fecit mater, uxor mea?" – **S**: „Prae nimio dolore filii mortua est."

D: „Quis nunc domum custodit?" – **S**: „ Nemo, quoniam incendium domum delevit."

D: „Cur incendium domum delevit?" – **S**: „Nocte, postquam uxor tua mortua est, ancilla *(„Magd")* in cubiculo pro domina vigilavit. Candelas *(candela, -ae „Kerze")* non curavit et ita incendium totam domum delevit."

D: „Ancilla, ubi est?" – **S**: „Dum incendium sedare *(„löschen")* studet, ceciderunt trabes *(trabs, -bis = „Balken")* in eius caput et sic e vita cessit."

D: „Num alios nuntios tam bonos scis?" – **S**: „Re vera bonum nuntium tibi referre possum: Me ipsum servavi!"

ZUSATZAUFGABE: Setze sämtliche Perfektformen des Stücks ins Präsens!

TEXT 2: DIE GRÜNDUNG KARTHAGOS

Was du hier speziell üben kannst: Perfekt + Plusquamperfekt Aktiv in allen Personen (siehe Seite 18), konsonantische Deklination (siehe Seite 51), Relativpronomen (siehe Seite 85 f.)

Wie lange du brauchen darfst: Der Text umfasst etwa 210 Wörter; da er leicht ist, müsstest du die Übersetzung in maximal 1½ Stunden schaffen.

Cum Aeneas, quem Graeci patria expulerant, ad Libyam pervenit, Dido regina eum benigne *(„freundlich")* accepit. Nam etiam ea femina olim advena *(advena, -ae „Ankömmling")* in Africam venerat. Dum una cenant, Dido Aeneae haec narravit:

„Pater meus rex Tyri fuit. Ab eo una cum Pygmalione fratre heres *(„Erbin")* facta sum. Postquam pater mortuus est, Pygmalion regni cupidus meum maritum, cui magnae opes erant, crudeliter necavit et me quoque interficere studuit. Ubi autem scelus fratris intellexi, clam e patria fugi et exsilium petivi. Tandem in Libyam veni, ubi cum incolis amicitiam feci. Quodam die ab iis petivi:

‚Quod patriam relinquere debui, nunc loca quaero, ubi mihi licet cum sociis meis considere. Date mihi tantum terrae, quantum corio bovis *(corium bovis „Rinderhaut")* tegi potest!'

Ubi consenserunt, corium in tenues *(tenuis,e „dünn")* partes secui *(seco 1, secui „schneiden")* et spatium *(„Fläche")* occupavi, quod multo maius erat, quam petiveram. Hoc loco paulo postea urbem Carthaginem condidi, quae nunc, ut vides, maxima pulcherrimaque civitas est."

Hac narratione Aeneas amore Didonis captus est, quod similitudinem fati sui et reginae intellexit: Ipse quoque patriam relinquere debuerat, ipse quoque in terra aliena novas sedes condere iam diu in animo habebat. Qua de causa Aeneas, cuius mens ab aliis erroribus abhorruit, libenter apud reginam mansit. At di eorum amori non favebant: Iuppiter virum Troianum puppim solvere atque in Italiam navigare coegit.

ZUSATZAUFGABE: Unterstreiche alle Perfektformen und setze sie ins Präsens!

TEXT 3: DIE GRÜNDUNG ROMS

Was du hier speziell üben kannst : Infinitiv Perfekt aktiv + passiv (siehe Seite 30), alle Konjugationen (siehe ab Seite 8), NcI (siehe Seite 130), Participium Coniunctum

Wie lange du brauchen darfst: Der Text umfasst etwa 220 Wörter. Du solltest ihn in längstens 2 Stunden übersetzen können.

Quis nescit fabulam de Romulo Remoque traditam? Amulius, homo crudelis, Procam fratrem, qui tum rex Albae Longae fuit, regno deturbavisse *(deturbare „vertreiben")* eiusque filiam, cui nomen Rea Silvia erat, Vestalem *(Vestalis, -is „Vestalische Jungfrau", das ist eine Priesterin der Göttin Vesta)* fecisse dicitur. Quod Vestalibus viro nubere non licuit, Amulius imperium suum bene firmavisse videbatur. Tamen Rea Silvia partum edidit *(partum edere „Kinder gebären")*: Quadam nocte Mars, belli deus, in templum penetravit *(penetrare „eindringen")* et cum Vestali geminos creavit. Haec dum geruntur, statua Vestae pudore *(pudor, -oris „Scham")* affecta manibus oculos texisse fertur.

Amulius, ubi de stirpe *(stirps, -pis „Nachkommenschaft")* Reae Silviae cognovit, timore adductus Romulum et Remum infantes ad Tiberim in alveo *(alveus, -i „Körbchen")* exponi iussit. Quod autem Tiberinus deus aquas repressit, alveus geminos continens ad ripam actus est, ubi infantes a lupa inventi sunt, quae iis ubera *(uber, -eris „Zitzen")* praebuit. Postea pueri a quodam pastore, cui nomen Faustulus fuit, eiusque uxore educabantur. Ubi adoleverunt facinusque Amulii intellexerunt, eum necaverunt atque Numitorem in regnum restituerunt *(„wiedereinsetzen")*.

Tum adulescentes ipsi novam urbem condere decreverunt. Quoniam uterque eorum regni cupidus erat, mox lis *(lis,litis f. „Streit")* inter eos erat, uter novae urbi nomen daret *(Konjunktiv: „geben sollte")*. Cum Remus ludibrio *(Dativ: „zur Verhöhnung")* fratris nova moenia transiluit *(transilire „überspringen")*, Romulus ob eam causam iratus eum necavit. Qua in re Romulus exclamavisse dicitur: „Sic deinde *(ergänze: „wird es jedem ergehen")*, quicumque transiliet moenia mea!" Ita nova urbs nomine conditoris appellata est et Romulus primus rex factus est. Iuvenis, postquam multos annos regnavit, quodam die, dum contionem *(contio, -onis „Versammlung")* in campo habet, tempestate *(tempestas, -atis „Unwetter")* subita oculis civium ablatus *(„entzogen")* et inter deos acceptus esse traditur.

ZUSATZAUFGABE: Unterstreiche sämtliche Infinitive und bilde alle übrigen Infinitive! (Präsens aktiv + passiv, Perfekt aktiv + passiv, Futur aktiv)

BECKENACHTEN UND ARMKREISEN

Du fühlst dich schlaff?

„Male" mit deinem Becken eine Acht, damit dein Körper Energie zum schöpferischen Träumen bekommt:
Du stehst mit leicht gebeugten Knien, die Füße sind hüftbreit auseinander. Du streckst die Arme nach hinten und verschränkst die Daumen ineinander. Nun machst du mit den Hüften eine Vor- und Rückwärtsbewegung, sodass daraus eine Acht entsteht. Der Oberkörper bleibt dabei aufrecht, die Atmung ist fließend. Achte darauf, dass die Ellbogen möglichst gestreckt bleiben.

Wiederholung der Übung: 30-mal

Eine letzte Übung zur Aktivierung deiner Energie:

Du stehst hüftbreit, die Knie locker. Du kreist nun mit beiden Armen gleichzeitig von vorne nach oben, über den Kopf nach hinten.
Achte darauf, dass die Ellbogen gestreckt bleiben.

Wiederholung der Übung: 50-mal

PROBEKLASSEN(SCHUL)ARBEITEN

Die folgenden 12 Texte haben durchwegs die Länge von Klassen(Schul)-arbeiten im ersten Lernjahr. Du solltest sie also in ca. 45 Minuten leicht übersetzen können. Sie sind aufsteigend nach dem Schwierigkeitsgrad geordnet. Vokabel, die dir unbekannt sind, schlage im Index (Seite 162) nach!

1 DE PANNONIA

STOFF:
- ✰ a- und e-Konjugation, 3. P. Sg. + Pl. Präsens, Imperfekt, Perfekt
- ✰ a- und o-Deklination (alle Fälle)
- ✰ Dativ des Besitzers

UMFANG: 56 Wörter

Magister Latinus nonnulla de Pannonia, provincia ad Danuvium sita, narrat:
„Saeculo Traiani Germani liberi imperio Romano inimici bellique cupidi erant. Reguli *(regulus, -i = „Fürst")* enim Germanorum populo Romano invidebant, quod Romanis aurum argentumque erat. Itaque saepe Romanos armis doloque superare studebant. At Romani castra ad Danuvium collocaverunt multasque copias ex Italia in agros Pannoniorum transportaverunt. Ita barbaros diu a provincia arcebant."

2 DE GALLIA

STOFF: wie bei Text 1
UMFANG: 77 Wörter

Wir befinden uns im Jahre 50 v.Chr. (Fast) ganz Gallien ist von den Römern besetzt. Habnix, ein verarmter Gallier, der nun den Römern als Sklave dient, erinnert sich wehmütig an die Zeit, als die Römer noch nicht in Gallien waren:

„Multis annis ante incolae Galliae, patriae meae, liberi fuerunt. Tum in vicis parvis habitabant agriculturaeque studebant. Quod Gallis templa non erant, dis deabusque in silvis sacrificabant. Viri belli cupidi inimicos multis modis a terminis suis arcere studebant. Iulius Caesar copias in Galliam transportavit terramque occupavit, quod regulos Gallorum belli peritia superavit. Nunc Galli legatis obtemperant, sed per fortunam Romani curam provinciarum viris honestis mandare solent. At pauci Gallorum nunc quoque Romanis fidi non sunt, quod potionem magicam *(4.F.Sg., „Zaubertrank")* habent."

3 DE GERMANIS

STOFF:
- ✰ a- und e-Konjugation (Präsens, Imperfekt, Perfekt in allen Personen)
- ✰ a- und o-Deklination (alle Fälle)
- ✰ Personalpronomina

UMFANG: 86 Wörter

Legatus quidam familiae suae e Pannonia provincia litteras dat:
„Illam terram, ubi nunc legatus sum, parvi aestimo, quod caelum mihi displicet. Si autem nebula abest, neque per silvas ad Danuvium sitas ambulo neque me otio dare possum, sed mihi multa et periculosa negotia sunt: Semper enim Germanos belli cupidos a castris Romanis ad terminum collocatis arcere studeo. Nam incolae Germaniae liberae iam semper copias nostras aut armis aut dolo superare studebant. Sed quod di populum nostrum adiuvare solent, nostro saeculo barbari minus periculosi sunt. Valete!"

4 DE RUFO ET SERVO

STOFF:
- ✰ a- und e-Konjugation (Präsens, Imperfekt, Perfekt in allen Personen)
- ✰ Imperativ
- ✰ a- und o-Deklination (alle Fälle)
- ✰ Fragepartikeln

UMFANG: 86 Wörter

Rufus, dum in foro ambulat, ubi modo varia negotia publica agit, modo cum amicis disputat, in turba unum e suis servis videt. Hunc interrogat: „Quo vadis, serve? Num tibi nimium otium est? Statim domum propera, ubi nonnulla negotia te exspectant. Primum in horto poma cura, deinde dominam adiuva, denique liberos linguam Graecam doce!" At servus ridet: „Cur mihi talia imperas? Non iam servus tuus sum: Modo *(„soeben")* uxor tua, domina mea, me liberavit. Nunc libertus sum. Nonne ea, quae mihi imperavisti, ipse in villa mea nova facere vis *(„du willst")*?"

5 DE AESOPO ET SERVO

STOFF:
- ✰ alle Konjugationen
- ✰ alle Zeiten (aktiv + passiv)
- ✰ a- und o-Deklination
- ✰ Personalpronomina

UMFANG: 86 Wörter

Aesopus, cuius fabulae clarae sunt, olim servum quendam currere vidit et ex illo quaesivit: „Quo curris?“ Hic respondit: „Libenter tibi hoc narrabo, pater – hoc enim nomine te nominare debeo, quod iam tam multis hominibus bona consilia dedisti. Audi: Antea mihi nonnulli domini erant, quibus semper parui. Tamen vitam malam egi. Quantum libertis invidi! Denique domo abire et currere, quo pedes me ferunt, decrevi.“ Tum Aesopus respondit: „Quamquam adhuc nihil mali fecisti, semper, ut narras, vitam malam agebas. Ergo cogita: Quid erit, si nunc aliquid mali feceris? Sine dubio vitam multo peiorem ages!“ Hoc consilio servus fuga deterritus est *(deterreo 2 „abschrecken“)*.

6 DE AENEA

STOFF:
- ✰ a- und e-Konjugation (Präsens, Imperfekt, Perfekt in allen Personen)
- ✰ a-, o-, konsonantische Deklination
- ✰ Dativ des Besitzers

UMFANG: 82 Wörter

Postquam Troiani diu copias Graecorum ab oppido arcuerunt, illi decimo anno dolo urbem occupaverunt multosque incolas necaverunt. Sed unus e Troianis, cui nomen Aeneas fuit, cum patre, filio, nonnullis sociis Italiam, ut di iusserant, petivit. Tum, cum Troiani terram ignotam intraverunt, incolae barbari eos agris suis deturbare studuerunt. Quod incolis Italiae illo saeculo magna belli peritia fuit, Troiani eos solum auxilio voluntateque deorum superaverunt. Deinde Aeneas, quamquam uxoris primae Troiae relictae memor fuit, tamen Laviniam, filiam regis Latini, in matrimonium duxit.

7 DE INCENDIO ROMAE

STOFF:
- ✰ a-, e-, konsonantische Konjugation (Präsens, Imperfekt, Perfekt in allen Personen aktiv + passiv)
- ✰ a- und o-Deklination, 3. Deklination
- ✰ Relativpronomina

UMFANG: 86 Wörter

Marcus, cui a magistro iam multa de urbe Roma narrata sunt, a parentibus plura de illo incendio cognoscere studet, quod, ut fama est, ab imperatore Nerone iussum est. Puero scientiae cupido libenter a patre respondetur: „Aetate Neronis magna urbis pars flammis deleta est. Ignis, postquam in tabernis ad Circum sitis excitatus est, incredibili celeritate vicos urbis percurrit. Pars hominum, qui tum ludis circensibus interfuerunt, flammis necata est, alii non vitam, sed fortunas suas amiserunt. Igitur Nero vulgo pauperi, quod cibo caruit, panem dare constituit."

8 DE ARCU TITI

STOFF:
- ✰ a-, e-, konsonantische Konjugation (alle Personen)
- ✰ Präsens, Imperfekt, Perfekt (aktiv + passiv)
- ✰ Infinitiv Präsens aktiv + passiv
- ✰ a- und o-Deklination, 3. Deklination, u-Deklination
- ✰ Participium Coniunctum
- ✰ Adverb
- ✰ Steigerung

UMFANG: 80 Wörter

Marcus, quod de triumpho, quem Titus de Iudaeis egit, doceri studet, cum patre per forum ambulat, ubi arcus post Titi victoriam exstructus situs est. Marcus, dum triumphum in arcu monstratum cernit, patri dicit: „Ut mihi narravisti, olim ipse huic clarissimo triumpho interfuisti!" Pater respondet: „Recte! Adhuc optime cuncta memini! Nam numquam pulchriorem triumphum vidi. Tum voluntate senatus etiam templa aperta erant!" Magno studio Marcus in monumento non solum Titum ipsum Alexandro Magno simillimum, sed totum agmen a magistratibus ductum spectat.

9 DE DAEDALO ET ICARO

STOFF:
- ☆ a-, e-, konsonantische Konjugation (alle Personen)
- ☆ alle Zeiten (aktiv + passiv)
- ☆ alle Deklinationen
- ☆ Demonstrativpronomina
- ☆ Relativsätze
- ☆ Steigerung

UMFANG: 98 Wörter

Quondam Daedalus, qui Athenis plurima aedificia statuasque eximiae pulchritudinis aedificaverat, filium sororis necavit, quod illi maius ingenium fuit. Ob hoc crimen accusatus puppim solvere et in Cretam navigare decrevit. Ibi a rege Minoe *(Minos, -ois = Minos, König von Kreta)* labyrinthum aedificare iussus est.
Nonnullis annis post Daedalus cum filio in patriam remigrare in animo habuit, sed Minos vetuit. Ergo Daedalus secum cogitavit: „Quod nobis cunctae viae clausae sunt, alia via domum migrabimus: Minos quidem terram et mare possidet, sed non possidet caelum!" Tum mira arte novum opus aedificavit, quod nemo antea viderat: Pennis *(penna, -ae „Feder")* in litore repertis alas *(ala, -ae „Flügel")* confecit, quas sibi filioque accomodavit *(accomodare „anpassen")*.

10 DE ACHILLE

STOFF:
- ☆ a-, e-, konsonantische Konjugation (alle Personen + Zeiten)
- ☆ alle Deklinationen
- ☆ Participium Coniunctum, NcI
- ☆ Steigerung

UMFANG: 69 Wörter

Patroclus, dum Graecis Troiam maxima vi oppugnantibus auxilio venit, manu Hectoris necatus est. Qua de causa Achilles, postquam de morte amici cognovit, et ira et dolore completus ad certamen properavisse dicitur. Statim Hectorem, qui fortius ceteris Troianis pugnavit, petivit. Hoc modo proelium crudelissimum commissum est, quo Achilles ab hoste poenam petens Hectorem ad portas Troiae necavit. Achilles autem ipse, postquam cadaver *(cadaver, -eris n. „Leichnam")* Hectoris eius patri reddidit, a Paride necatus est.

11 DE LAOCOONTE SACERDOTE

STOFF:
- ☆ alle Konjugationen (alle Personen + Zeiten)
- ☆ alle Deklinationen
- ☆ Participium Coniunctum
- ☆ Adverb

UMFANG: 69 Wörter

Graeci, qui Troiam diu oppugnaverant neque expugnare potuerant, decimo anno denique dolum invenerunt. Equum ligneum *(ligneus 3 „hölzern")* militum plenum ante moenia statuerunt. Tum ipsi navibus insulam propinquam petiverunt, ubi consederunt. Troiae autem Laocoon sacerdos solus dolum cognoscens cives monuit: „Si hunc equum in urbem duxeritis, Troia delebitur!" Tamen Troiani, qui Graecis tam fortiter restiterant, eius verbis parere noluerunt. Igitur parva manus Graecorum nocte ex equo erumpens Troianos dormientes facile superavit.

12 DE LUCRETIA

STOFF:
- ☆ alle Konjugationen (alle Personen + Zeiten)
- ☆ alle Deklinationen
- ☆ Participium Coniunctum
- ☆ NcI

UMFANG: 84 Wörter

Temporibus Tarquinii regis, qui Superbus *(„der Stolze")* vocari solebat, L. Collatinus, vir Romanus, uxorem pulcherrimam, cui nomen Lucretia fuit, in matrimonium duxerat. Quadam nocte Sextus Tarquinius, Tarquinii regis filius, libidine *(libido, -inis „Begierde")* incensus cubiculum Lucretiae, cuius maritus in castris erat, intravit et feminam miseram frustra auxilium deorum rogantem violavit *(violo 1 „schänden")*. Lucretia, postquam marito postridie de hoc scelere narravit, pudore *(pudor, -oris „Scham")* affecta se ante eius oculos necavit. Die proximo Collatinus dolore adductus uxorem mortuam in forum portavisse et civibus Romanis monstravisse dicitur. Qui ob illud crimen irati paulo post Tarquinium regem expulerunt.

LATEIN – KEINE TOTE SPRACHE!

In der österreichischen Tageszeitung KURIER erscheinen seit Herbst 1993 jeden Montag unter dem Titel *„Nuntii Latini"* aktuelle Nachrichten aus aller Welt in lateinischer Sprache. Da der Autor dieser Texte mit dem dieses Übungsbuches identisch ist, sollst du nun die Gelegenheit haben, deine mittlerweile hoffentlich schon respektablen Lateinkenntnisse an einigen Kostproben dieser *„Nuntii"*-Texte zu erproben (Die Texte wurden etwas vereinfacht, da du ja erst das erste Jahr Latein lernst). Auf diese Weise kannst du sehen, dass Latein nicht nur die Sprache der alten Römer war, sondern auch heute noch für die Wiedergabe aktueller Ereignisse verwendet werden kann – und daher keineswegs, wie manche behaupten, eine „tote" Sprache ist!
Unter den **Vokabeln** werden dir natürlich einige im Lateinunterricht noch nie untergekommen sein, da sie Dinge bezeichnen, die die Römer noch nicht kannten (wie z. B. das Atomkraftwerk, das Auto oder das Hühneraugenpflaster) – solche findest du direkt im Text erklärt. Andere, die zwar neulateinisch sind, aber für sich sprechen (wie z. B. *parlamentum, aeriportum, apparatus stereophonicus* u.a.), wirst du selbst problemlos übersetzen können.
Ach ja, da bliebe noch eine Sache: Auch für die *„Nuntii Latini"* haben natürlich dieselben **grammatikalischen Regeln** Gültigkeit wie für alle anderen lateinischen Texte, die du bis jetzt kennen gelernt hast. Deshalb wirst du im Anschluss an jeden Text einige Fragen finden, die dir helfen werden, die in diesem Buch geübte Grammatik zu wiederholen – sie werden dir das Vergnügen hoffentlich nicht allzu sehr trüben.

Also, auf los geht's los – multum gaudium!

1. Frank Sinatra als Schülerschreck

E quodam gymnasio urbis Americanae Chicago e *(„seit")* paucis mensibus carmina Frank Sinatra cantatoris resonare *(„ertönen")* solent. Eius autem carmina trivialia *(carmen triviale = „Schlager")* non ad delectationem, sed ad poenam discipulorum adhibentur: Quicumque aliquod delictum commisit, nonnullas horas carmina velut „Peregrini nocturni" vel „Egi meo more" audire cogitur. Magistri gaudent: „Discipuli haec carmina oderunt, nihil peius umquam audiverunt!"

Frage 1: Bilde die Stammformen zu *commisit, egi, cogitur, audiverunt*!
Frage 2: Bilde Nominativ und Genetiv zu: *mensibus, carmina, more.*
Frage 3: Wie fragt man nach *nonnullas horas*?
Frage 4: Wie lauten Grundstufe und Superlativ zu *peius*?

2. Der singende Abgeordnete

Dum in parlamento Britannico de quaestionibus ad educationem pertinentibus disputatur, legatus *(„Abgeordneter")* Derek Enright novo modo sententias suas confirmare *(„untermauern")* voluit. Carmen illud a Beatles compositum, cuius titulus „Flava navis submarina" est, magna voce canere coepit – Latine scilicet. „Quo modo discipuli ad studium linguae Latinae excitari possunt!", legatus declaravit. Tamen a parlamenti praeside *(praeses, -idis „Präsident")* monitione *(monitio, -onis „Ordnungs-ruf")* affectus est: Nam in parlamento Britannico nemini cantare licet.

Frage 1: Bilde die Stammformen zu *voluit, compositum, possunt, affectus est!*
Frage 2: Bilde Nominativ, Genetiv und Geschlecht zu: *sententias, voce.*
Frage 3: Welche Form ist *excitari*?
Frage 4: Setze *carmen illud* in den Plural!

3. Die Steinzeit lebt!

Nunc constat: Familia Lapisfulminaris non solum in televisione aut in cinemate videri potest! Iuvavi *(Iuvavum, -i „Salzburg")* enim femina habitat, cui non solum nomen Wilma Lapisfulminaris *(lapis fulminaris „Feuerstein")*, sed etiam capilli rubri sunt. Quamquam neque eius maritus Alfredus vocatur neque inter eius familiares quidam Barnie Ruderadomumis *(rudera, -um „Geröll")* est, vera Wilma incommoda nominis tam clari interim cognovit: „Nuper, cum ad secretariam psychoanalystae *(psychoanalysta, -ae „Psychiater")* cuiusdam telephonavi nomenque meum dixi, me tranquillare studuit: ‚Quieta es! Currus valetudinarius *(„Krankenwagen")* mox apud te erit!'"

Frage 1: Bilde die Stammformen zu *videri, cognovit, mane, erit!*
Frage 2: Bilde Nominativ, Genetiv, Geschlecht zu: *nomen, currus.*
Frage 3: Um welchen Dativ handelt es sich bei *cui . . . nomen est*?
Frage 4: Setze *erit* in alle Zeiten!

4. Wer bewacht die Wachhunde?

Qui, dum feriis domo abest, domicilium suum non incustoditum relinquere vult, haudquaquam indicem periculi *(„Alarmanlage", Akk.)* emere debet. Quod saltem quidam vir Belgicus affirmat, qui canes locat *(„vermieten"),* qui villas vacuas custodiunt. At vir, cui CL canes sunt, clientes suos monere solet: „Domini re vera domicilium suum relinquere debent. Canes enim mordacissimi *(mordax, -acis „bissig")* sunt neque quemquam circum se tolerant." – Nuper quidem fides *(„Glaubwürdigkeit")* horum verborum corrupta est: Dum locator *(„Vermieter")* canum nonnullos dies domo abest, fur („Dieb") quidam e villa eius clam XX canes vigilantes *(„Wachhunde")* abstulit.

Frage 1: Bilde die Stammformen zu *relinquere, vult, abstulit!*
Frage 2: Bilde Nominativ, Genetiv und Geschlecht zu: *canis, fides, dies.*
Frage 3: Um welche Form handelt es sich bei *mordacissimi*?
Frage 4: Setze *abstulit* in alle Zeiten!

5. Tiere an die Macht!

E voluntate cuiusdam milioniarii *(milionarius, -i „Millionär")* Californici eius canis Ernestus mox legatus *(„Abgeordneter")* concilii *(concilium, -i „Kongress")* Americani erit. Vir illo candidato contra corruptionem rei publicae pugnare in animo habet: „Nemo proposita *(propositum, -i „Ziel")* imperii Americani melius impetrare potest quam canis, qui facere solet, quod ei rectum videtur, neque factiones *(factio, -onis „Partei")* neque stirpes neque stemmata gentilia *(„Stammbäume")* respicit!". – Ceterum uno anno ante in Columbia canis munus praesidis *(praeses, -idis „Präsident")* petiverat, sed recusatus erat, quod nondum XXXV annos natus erat. Re vera regni particeps factus est olim equus: Romanus imperator Caligula equum sibi carissimum, cui nomen Incitatus erat, consulem fecit.

Frage 1: Bilde die Stammformen zu: *potest, petiverat, fecit!*
Frage 2: Bilde Nominativ, Genetiv + Geschlecht zu: *voluntate, munus, rei publicae.*
Frage 3: Um welche Form handelt es sich bei *melius*?
Frage 4: Setze *potest* in alle Zeiten!

Versetzung gefährdet – was nun?
Rechtlicher Rahmen und Aufgaben der Eltern in Deutschland

Wenn die Versetzung eines Kindes gefährdet ist, sind auch seine Eltern gefordert. Auf jeden Fall ist es sinnvoll, dass Schule und Elternhaus dieses Problem gemeinsam erörtern, nach den Ursachen fragen und nach Abhilfe suchen. Sie als Eltern sollten nicht nur über den rechtlichen Rahmen zur Leistungsbeurteilung und Versetzung informiert sein; Sie sollten auch wissen, was Sie selbst unternehmen können, um das festgefahrene Schiff wieder in besseres Fahrwasser zu lenken.

Rechtlicher Rahmen
Auskunft über die jeweils gültigen Rechtsvorschriften zur Leistungsbeurteilung und Versetzung können Eltern in den Amtsblättern und dem Staatsanzeiger nachlesen, die bei jedem Schulleiter sowie dem Schulamt einzusehen sind.
Da für jedes Bundesland eigene Vorschriften existieren, möchte ich die Ausgestaltung des rechtlichen Rahmens am Beispiel des Hessischen Schulrechtes (Quelle: Dienst- und Schulrecht Hessen, GEW-Handbuch, völlig neubearbeitete Ausgabe, Stand März 1994) erörtern.
Wird eine Leistung im Zeugnis mit schlechter als der Note „ausreichend" bewertet, so entscheidet die einfache Mehrheit der **Versetzungskonferenz** über die Versetzung oder Nichtversetzung der Schülerin oder des Schülers. Zur Teilnahme ist jeder Lehrer, der die Schülerin oder den Schüler im laufenden Schuljahr oder vor einem Lehrerwechsel unterrichtet hat und wer die Schülerin oder den Schüler vor einem Lehrerwechsel im laufenden Schuljahr zuletzt unterrichtet hat und noch der Schule angehört, verpflichtet (a.a.O., Abt. 5, § 12,2):

> *„Die Versetzungsentscheidung wird aus **pädagogischer Verantwortung und frei von Schematismus getroffen**. Grundlage sind die Leistungen und die Entwicklung der Schülerin oder des Schülers während des ganzen Schuljahres (a.a.O.; Abt. 5, § 11,2)."*

Verschlechtert sich die Schülerin oder der Schüler in einem Fach von einem auf das nächste Schulhalbjahr, so ist dies von der Fachlehrerin oder dem Fachlehrer in der Versetzungskonferenz zu begründen.
Verlauf und Ergebnisse der Versetzungskonferenz werden im **Protokoll** festgehalten, welches jederzeit von den Eltern eingesehen werden kann.

> *„Eine Note schlechter als ausreichend in einem Fach oder Lernbereich kann nur durch die Note befriedigend oder besser in einem anderen Fach oder Lernbereich ausgeglichen werden (a.a.O., Abt. 5, Anlage 1; 11,2)."*

Zusätzlich gilt für Schülerinnen und Schüler an Gymnasien und Realschulen: Schlechter als mit der Note „ausreichend" beurteilte Leistungen in einem der Fächer Deutsch, erste Fremdsprache (für Gymnasiasten auch die zweite Fremdsprache) und Mathematik hindern eine Versetzung dann nicht, wenn die Schülerin oder der Schüler **besondere Fähigkeiten und starken Arbeitswillen** in einem anderen dieser o.g. Fächer oder in mehreren anderen Unterrichtsfächern erkennen lässt. Dies könnte unter Umständen durch die Note „befriedigend" gegeben sein.
Mehr als zwei mit schlechter als der Note „ausreichend" beurteilte Leistungen in den Fächern Deutsch, erste Fremdsprache (für Gymnasiasten auch die zweite Fremdsprache) und Mathematik können in der Regel nicht ausgeglichen werden (a.a.O., Abt. 5, Anlage 1).
In den Jahrgangsstufen 7 bis 10 ist eine **nachträgliche Versetzung** möglich:

„Wird eine Schülerin oder ein Schüler auf Grund schlechter als ausreichend bewerteter Leistungen im Zeugnis in zwei Fächern oder Lernbereichen nicht versetzt, so kann die Versetzungskonferenz die Schülerin oder den Schüler zu einer ***Nachprüfung*** *in einem der zwei Fächer oder Lernbereiche innerhalb der ersten sechs Unterrichtstage des neuen Schuljahres dann zulassen, wenn bei schlechter als ausreichend bewerteter Leistungen in nur einem Fach oder Lernbereich die Versetzung möglich gewesen wäre (a.a.O., Abt. 5, § 16,3)."*

Aufgaben der Eltern

Einfühlungsvermögen und Kommunikationbereitschaft sind grundlegende Eigenschaften von Eltern, die bereit sind, sich frühzeitig mit schulischen Misserfolgen ihres Kindes auseinander zu setzen.
Eltern mit solchen Grundeinstellungen sind eher in der Lage, Warnsignale rechtzeitig zu erkennen, um ihrem Kind in schwierigen Schulsituationen rechtzeitig zu helfen.

Ist die „Fünf" in der Klassenarbeit ein Ausrutscher oder schon ein Warnzeichen?

Suchen Sie dazu das **sachliche Gespräch mit Ihrem Kind**, um gemeinsam über Gründe des Misserfolges nachzudenken und nach Lösungen zu suchen!
Darüber hinaus kann ein **Gespräch mit der unterrichtenden Lehrerin oder dem unterrichtenden Lehrer** zu wichtigen Erkenntnissen führen. Die Sprechstunden der Lehrerinnen und Lehrer während des Schuljahres werden kaum wahrgenommen. Das Gespräch wird meistens dann gesucht, wenn es bereits „zu spät" ist.

Bei **anhaltenden Misserfolgen** müssen sich die Eltern fragen:

Ist mein Kind in dieser Klasse mit dem jetzigen Lernstoff überfordert?

Langfristige Überforderungen führen in der Regel zu psychischen Verletzungen des Kindes; ständige Misserfolge kratzen am Selbstwertgefühl und wirken demotivierend. Die Familienatmosphäre ist zumeist auch in Mitleidenschaft gezogen.
Dabei sollte es das Ziel der Eltern sein, ihrem Kind aus der Zone der Misserfolge herauszuhelfen, damit es bei Erfolgen wieder Lob und Anerkennung erfahren kann.
Dazu könnte unter Umständen die **Änderung des Schul- und Ausbildungsweges** erforderlich sein. Vielleicht nimmt aber schon ein **rechtzeitiges Zurückgehen** Ihres Kindes in die vorhergehende Jahrgangsstufe den störenden psychischen Druck.

Sollte eine schlechte Note auf kurz- bzw. mittelfristig zu schließende Lücken oder Defizite im lernmethodischen Bereich zurückzuführen sein, können – bei Bereitschaft des Kindes – **außerschulische Förderungsmaßnahmen** (z. B. Lernhilfen, Nachhilfe, Kurse „Das Lernen lernen") sinnvoll bzw. erfolgreich eingesetzt werden.

Hedi Jantsch
Vorsitzende des Schulelternbeirates
am Friedrichsgymnasium Kassel

„Nicht genügend"!

Was können Eltern dagegen tun?
Pädagogische Aspekte und rechtliche Situation in Österreich

Der pädagogische Beurteilungsspielraum
Die Bestimmungen des Schulunterrichtsgesetzes über die Leistungsbeurteilung an den Schulen zielen einmal darauf ab, ein höchstmögliches Ausmaß an Objektivität zu gewährleisten, sind doch oft sehr wesentliche Berechtigungen an das Bestehen oder Nichtbestehen einer Prüfung geknüpft. Andererseits wird auch der Umstand berücksichtigt, dass eine Leistungsbeurteilung in der Schule immer auch eine pädagogische Maßnahme ist. Es würde sich eher ungünstig auf die Motivation der Kinder auswirken, wenn der nachlässige Schüler auf Grund seiner Begabung leicht zu guten Beurteilungen kommen würde, der strebsame Jugendliche aber immer nur eine unerfreuliche Beurteilung erhalten könnte. Jeder würde im Laufe der Zeit seine Bemühungen einstellen, wenn er sähe, dass er das gewünschte Ziel niemals erreichen kann. Oder umgekehrt, warum sollte sich ein begabtes Kind anstrengen, wenn es auch ohne jede Mühe Anerkennung fände. Das Schulunterrichtsgesetz hat daher dem Lehrer in einigen Bereichen einen „pädagogischen Beurteilungsspielraum" eingeräumt.
Ein Lehrer wird diesen vor allem dadurch nützen, dass er die Mitarbeit des Schülers im Unterricht, seine Bemühungen bei der Anfertigung der Hausaufgaben – so wie es im § 3 der Verordnung über die Leistungsbeurteilung festgelegt ist – gleichwertig in die Gesamtbeurteilung einbezieht. Hier hat der Lehrer die Chance, ausgleichend, motivierend, ermutigend die Leistungsbeurteilung mit seinem pädagogischen Auftrag zu verbinden. Es wäre pädagogisch unklug und widerspräche den Bestimmungen des Schulunterrichtsgesetzes, wenn nur die Schularbeiten zur Leistungsbeurteilung herangezogen würden.

Die Informationspflicht des Lehrers
In engem Zusammenhang mit diesen Bestimmungen ist die vorgeschriebene Transparenz zu sehen. Eine pädagogische Maßnahme kann nur dann eine günstige Auswirkung haben, wenn der Schüler Informationen darüber erhält, inwieweit es ihm gelungen ist, Leistungen nachzuweisen, etwa bei der Wiederholung oder Erarbeitung neuer Lehrstoffe. Positive Rückmeldungen in diesem Bereich werden auch den schwachen Schüler veranlassen, sich lebhaft am Unterricht zu beteiligen, was sich im Allgemeinen längerfristig auch positiv auf die Ergebnisse der Schularbeiten auswirken wird.
Der Lehrer ist verpflichtet, Aufzeichnungen im erforderlichen Ausmaß anzufertigen, Schüler und Eltern haben ein Recht auf Transparenz.

Was darf geprüft werden?
Grundsätzlich darf nur das geprüft werden, was im Lehrplan steht (Schulbücher gehen oft weit über die Anforderungen des Lehrplans hinaus!) und was bis zum Prüfungszeitpunkt durchgenommen wurde.

Die Benotung
Bei der Festsetzung einer Note für ein gesamtes Schuljahr hat der Lehrer alle im Laufe des Jahres erbrachten mündlichen wie schriftlichen Leistungen (nicht Leistungsbeurteilungen) zu berücksichtigen. Die viel geübte Praxis, einfach eine Durchschnittsnote zu bilden, entspricht nicht den Bestimmungen des Schulunterrichtsgesetzes, schon gar nicht, wenn dazu nur die Ergebnisse der Schularbeiten herangezogen werden. Es geht vielmehr darum, am Ende des Schuljahres zu beurteilen, ob der Schüler durch seine Leistungen gezeigt hat, dass er das, was im Unterricht durchgenommen wurde (und was auch im Lehrplan vorgesehen ist), wenigstens überwiegend kann. Wie und bei welcher Gelegenheit, ob im Rahmen der mündlichen Mitarbeit, etwa bei der Lösung einer Aufgabe an der Tafel oder bei einer

Schularbeit oder bei einer mündlichen Prüfung, Leistungen nachgewiesen wurden, ist dabei unerheblich. Alle erbrachten Leistungen müssen gleichwertig herangezogen werden.

Ein Lehrer wird eine Leistung mit **„Gut"** oder **„Sehr gut"** beurteilen, wenn ein Schüler über das Wesentliche hinaus oder weit über das Wesentliche hinaus Leistungen erbringt.

Ein Lehrer wird eine Leistung mit **„Befriedigend"** beurteilen, wenn der Schüler den Anforderungen in den „wesentlichen Bereichen" entsprochen hat. Ein **„Genügend"** signalisiert hingegen, dass der Schüler in den „wesentlichen Bereichen" Lücken hat. Er hat den Anforderungen nur überwiegend entsprochen. Gerade in den sogenannten aufbauenden Gegenständen, in denen der neue Lehrstoff auf Vorkenntnissen aufbaut, kann das fatale Folgen haben. Hat zum Beispiel das Kind in der Unterstufe des Gymnasiums in Mathematik nur lückenhafte Kenntnisse erworben, sind Schwierigkeiten in der Oberstufe fast vorprogrammiert. Ein „Genügend" genügt also nicht immer! Der Lehrer wird Auskunft darüber erteilen, wo diese Lücken sind und wie man sie möglichst schnell schließen kann.
Ein **„Nicht genügend"** erhält ein Schüler dann, wenn es ihm nicht gelungen ist, den Anforderungen in den „wesentlichen Bereichen" wenigstens überwiegend zu entsprechen. Was sind nun die sogenannten „wesentlichen Bereiche"? Das Bundesministerium für Unterricht und Kunst vertritt hier die Meinung, dass ein Lehrer dies im Laufe des Unterrichtsjahres selbst zu definieren hat. Es ist jedenfalls nicht zulässig und widerspräche dem Grundsatz der Transparenz, erst nach einer Prüfung zu sagen, was wesentlich und was unwesentlich gewesen wäre. Gegen ein „Nicht genügend" bei einer Schularbeit oder bei einer Prüfung können Eltern keine Berufung einlegen, auch wenn diese Note als ungerecht empfunden wird. Ein Schüler, der sich über eine verpatzte Schularbeit ärgert, hat jedenfalls das Recht, sich einmal im Semester in jedem Gegenstand zu einer mündlichen Prüfung zu melden.

Meinem Kind droht ein „Nicht genügend". Was soll ich tun?

Für Eltern ist es wichtig zu analysieren, worauf ein so umfangreiches Versagen des Kindes zurückzuführen ist. Hat nur das eigene Kind versagt oder der größte Teil der Klasse? Hat das Kind sich mit dem nötigen Fleiß vorbereitet oder nicht? Haben vorübergehende physische oder psychische Probleme zu einem eher einmaligen Versagen geführt? Zu einer objektiven Klärung der Ursachen führt in erster Linie ein Gespräch mit dem zuständigen Lehrer, auch ein Kontakt mit anderen Eltern der Klasse kann hilfreich sein. Führt dies nicht zu einer befriedigenden Antwort, kann die kostenlose Hilfe des schulpsychologischen Dienstes in Anspruch genommen werden. Durch entsprechende Tests kann der Schulpsychologe herausfinden, ob das Kind in einer seiner Begabung entsprechenden Schule ist, oder ob ein Schulwechsel auf Grund der Begabungsrichtung für das Kind nicht besser wäre.
Eltern mögen bedenken, dass sich hinter einem sogenannten „faulen Kind" nur allzu oft ein Schüler verbirgt, der den Anforderungen nicht genügen kann oder dies jedenfalls von sich selbst glaubt. Es ist oft weniger diskriminierend, faul als dumm zu sein. Eine rasche Klärung und eine vernünftige Reaktion der Eltern werden dem Schüler helfen, ein gesundes Selbstwertgefühl aufzubauen. Schulische Erfolge werden sich so viel leichter einstellen.
Kein Kind mit einem „Nicht genügend" fühlt sich besonders wohl. Auch ein Schüler, der seine Pflichten versäumt hat, benötigt Hilfe und Informationen, wie die Lücken geschlossen werden können, Hilfe bei der Zeitplanung und bei der Beschaffung von Lernunterlagen, mit denen das Kind selbstständig arbeiten kann. Lob und Anerkennung für die ersten kleinen Erfolge helfen dem Kind mehr als Vorhaltungen. Ein Nachhilfelehrer sollte nicht gleich bestellt werden, kurzfristige Erfolge könnten längerfristig dazu führen, dass sich ein Kind an Hilfe gewöhnt und womöglich zu dem Ergebnis kommt, dass es alleine zu guten Leistungen nicht fähig ist.
Sollten alle Schüler einer Klasse mehr oder weniger nur genügende oder nicht genügende Leistungen erbringen, und sollte dies wiederholt geschehen, ist der zuständige Elternvertre-

ter aufgerufen, mit dem Lehrer und – wenn dies nichts fruchtet – auch mit der Schulaufsicht Kontakt aufzunehmen. Einerseits kann auf Dauer nicht hingenommen werden, dass den Schülern nur lückenhafte Kenntnisse vermittelt werden können, andererseits sind negative Auswirkungen auf die Motivation zu befürchten. Die Schüler könnten „lernen", dass alle Anstrengungen doch nur zu einer schlechten Beurteilung führen, und in ihrem Fleiß nachlassen.

Was soll mein Kind tun?
Meldet sich ein Schüler bei einem drohenden „Nicht genügend" zu einer mündlichen Prüfung, wird ihm der Lehrer die Gelegenheit einräumen, Leistungen in den „wesentlichen Bereichen" nachzuweisen, wo dies dem Schüler bislang nicht möglich war. Eine umgekehrte Vorgangsweise wäre schikanös und anfechtbar. Wenn es dem Schüler gelingt, zu den bisher erbrachten Leistungen, die für ein „Genügend" noch nicht ausreichten, zusätzliche Leistungen nachzuweisen, wodurch die Anforderungen in den „wesentlichen Bereichen" nunmehr überwiegend erfüllt werden, so ist ein „Genügend" zu erteilen.
Bei allzu großen Lücken, die im Laufe eines ganzen Jahres entstanden sind, wird es aber eher aussichtlos sein, im Rahmen einer einzigen mündlichen Prüfung, deren Dauer auf 10 bzw. 15 Minuten begrenzt ist, nachzuweisen, dass alle Lernrückstände aufgeholt wurden. Schüler neigen dazu, allzu große Hoffnungen auf diese letzte Prüfung zu setzen. Nur bei einem geringen Rückstand besteht die Möglichkeit einer Notenkorrektur.

„Nicht genügend". Kann mein Kind trotzdem aufsteigen?
Grundsätzlich sind Schüler mit einem „Nicht genügend" nicht zu einem Aufsteigen in die nächste Klasse berechtigt. Ganz im Sinne seiner pädagogischen Ausrichtung sieht das Schulunterrichtsgesetz jedoch eine wichtige Ausnahme vor.
Hat der Schüler nicht bereits im vorigen Jahr im gleichen Gegenstand ein „Nicht genügend", und ist dieses Fach weiter im Lehrplan vorgesehen, kann die Klassenkonferenz, in der alle Lehrer vertreten sind, die in der Klasse unterrichten, beschließen, den Schüler aufsteigen zu lassen. Voraussetzung für eine positive Entscheidung ist, dass die Leistungen in allen anderen Fächern so gut sind, dass der Schüler aller Voraussicht nach im kommenden Jahr erfolgreich am Unterricht teilnehmen kann.
Der Gesetzgeber geht hier davon aus, dass die Leistungsreserven eines Schülers begrenzt sind. Die Lehrer einer Klasse müssen gemeinsam eine Prognose darüber abgeben, ob ein Schüler die Lücken in einem mit „Nicht genügend" beurteilten Gegenstand bei fortschreitendem Unterricht im folgenden Schuljahr angesichts der Situation in den anderen Fächern wird aufholen können:
Wie viele mit „Genügend" beurteilte Gegenstände enthält das Jahreszeugnis?
Hat ein solches „Genügend" eher eine Tendenz zum „Nicht genügend" oder zum „Befriedigend"?
Reichen die Kenntnisse in einem mit „Genügend" beurteilten Fach aus, oder müssen auch hier erst Lücken geschlossen werden, um dem Unterricht im kommenden Schuljahr folgen zu können. (Ein schwaches „Genügend" steht einem Aufsteigen in die nächste Klasse dann nicht entgegen, wenn zum Beispiel in Geographie Kenntnisse in Gesteinskunde fehlen, im nächsten Jahr aber die Wirtschaftsräume auf dem Programm stehen.)
Hat ein ansonsten zufriedenstellend arbeitender Jugendlicher aus besonderen Gründen (zum Beispiel Scheidung der Eltern, schwere Erkrankung) nur vorübergehend nachgelassen und steht zu erwarten, dass er leistungsstark genug ist, die Defizite aufzuholen?
Die Lehrer werden auf Grund ihrer Erfahrung und ihres Sachverstandes zu einer vertretbaren, sinnvollen Lösung kommen.

Die Berufung
Eltern können gegen die fehlende Berechtigung zum Aufsteigen in die nächste Klasse berufen und dabei das „Nicht genügend" und die Entscheidung der Klassenkonferenz anfechten. Aussichten für eine erfolgreiche Berufung sind dann gegeben, wenn Eltern bei

einem „Nicht genügend" darlegen können, dass sachfremde Gründe, etwa disziplinäre Schwierigkeiten, bei der Beurteilung eine Rolle gespielt haben, die geforderten Kenntnisse aber sehr wohl vorhanden sind. Es ist sicher nicht einzusehen, dass in einem solchen Fall ein Kind nur wegen seines unangenehmen Verhaltens ein ganzes Jahr wiederholen soll. Manchmal können auch reine Formfehler eines Lehrers dazu führen, dass ein „Nicht genügend" aufgehoben wird. Lehrer sind keine Juristen und sollten es wohl auch nicht sein. Ein so erfochtener Erfolg ist in der Regel kein Erfolg für das Kind. Die Lernrückstände des Kindes werden so nicht geschlossen, und ein vertrauensvolles Klima der Zusammenarbeit zwischen Eltern, Lehrern und dem Schüler könnte nachhaltig gestört werden.

Gegen den Beschluss der Klassenkonferenz könnte erfolgreich eingewandt werden:

– dass außergewöhnliche Belastungen des Kindes nicht berücksichtigt wurden, besonders, wenn gegen Ende des Schuljahres wieder eine steigende Tendenz erkennbar war;

– dass die fehlenden Kenntnisse in einem mit „Genügend" beurteilten Fach im folgenden Jahr keine Rolle mehr spielen oder nicht grundlegend für das Verständnis des Lehrstoffes im kommenden Schuljahr sein werden. Nicht erfolgreich sind meistens Berufungen, die sich auf einen Notenvergleich mit anderen Schülern beziehen.

Berufungen sind formlos. Ein einfacher Brief an die Schule genügt, in dem zum Ausdruck gebracht wird, dass man gegen die Nichtberechtigung zum Aufsteigen in die nächste Klasse beruft und das „Nicht genügend" und (oder) den Beschluss der Klassenkonferenz nicht für gerechtfertigt hält. Die Chancen steigen mit einer möglichst sachlichen Begründung. Die Schule leitet die Berufung an den Landesschulrat weiter. Dieser kann entweder auf Grund der vorgelegten Unterlagen entscheiden oder, wenn diese nicht ausreichen, kurzfristig eine kommissionelle Prüfung unter dem Vorsitz eines Schulaufsichtsbeamten durchführen. Der gesamte Jahresstoff kann Gegenstand einer solchen Prüfung sein. An dieser Stelle sei noch einmal darauf hingewiesen, dass das wichtigste Kriterium für eine Berufung die abgesicherte Überzeugung der Eltern sein sollte, dass das Kind über die erforderlichen Kenntnisse verfügt.

Gegen die Entscheidung des Landesschulrates ist eine Berufung beim Bundesministerium für Unterricht und Kunst möglich. Es kann sinnvoll sein, wenn eine auch räumlich weiter entfernte Behörde die Angelegenheit noch einmal prüft. Immerhin werden im Schnitt ca. 25% der dort eingelangten Berufungen positiv entschieden.

Ingrid Buschmann
Pressesprecherin des Bundesverbandes der Elternvereinigungen an Höheren und Mittleren Schulen Österreichs

LATEINISCH-DEUTSCHES WÖRTERVERZEICHNIS

a, ab (+ Abl.)	von
abeo, -ire, -ii, -itum	weggehen
abhorreo 2, ui	zurückschrecken
absens, -entis	abwesend
absum, -esse, afui	fehlen
ac	und
accedo 3, -cessi, -cessum	hinzukommen
accido 3, -cidi	geschehen
accipio M, -cepi, -ceptum	aufnehmen, erhalten, hören
acer, acris, acre	scharf, heftig
ad (+ Akk.)	zu, bei, an
addo 3, -didi, -ditum	hinzufügen
adeo, -ire, -ii, -itum	sich wenden an
adhuc	bis jetzt, noch immer
adiuvo 1, -iuvi, -iutum (+ Akk.)	helfen
admirabilis, -e	bewundernswert
admiratio, -onis f.	Bewunderung
admoneo 2	ermahnen
adolesco 3, -levi, adultum	heranwachsen
adoro 1	anbeten
adsum, -esse, -fui	anwesend sein; helfen
adulescens, -entis m.	Jüngling
advenio 4, -veni, -ventum	ankommen
adversus (+ Akk.)	gegen
aedes, -is f.	Tempel; Pl.: Haus
aedificium, -i n.	Gebäude
aedifico 1	erbauen
aeger, -gra, -grum	krank
Aeneas, Aeneae m.	Äneas
aequus 3	gleich
aestas, -atis f.	Sommer
aestimo 1	schätzen
aetas, -atis f.	Zeit(alter)
affero, -ferre, attuli, allatus	überbringen
afficio M, -feci, -fectum	erfüllen
ager, agri m.	Feld
agito 1	tun, treiben
agmen, -inis n.	(Heeres) Zug
ago 3, egi, actum	tun
agricola, -ae m.	Bauer
agricultura, -ae f.	Ackerbau
agriculturae studere	Ackerbau betreiben
alienus 3	fremd
aliquis, aliquid	irgendeiner
alius – alius	der eine – der andere
alius, alia, aliud	ein anderer
alo 3, alui, altum	ernähren
alter – alter	der eine – der andere
alter, -era, -erum	der andere
ambulo 1	spazieren gehen
amica, -ae f.	Freundin
amicitia, -ae f.	Freundschaft
amicus, -i m.	Freund
amitto 3, -misi, -missum	verlieren
amo 1	lieben
amor, amoris m.	Liebe
amphitheatrum Flavium n.	Kolosseum
amplus 3	weit, bedeutend
angustus 3	eng
anima, -ae f.	Seele
animal, -alis n.	Tier
animus, -i m.	Sinn, Geist
animo deficere	die Hoffnung aufgeben
in animo habere	vorhaben
annus, -i m.	Jahr
ante (+ Akk.)	vor
ante (Adv.)	vorher
antiquus 3	alt
antrum, -i n.	Höhle
aperio 4, aperui, apertum	öffnen
apertus 3	offen
appareo 2	erscheinen
appello 1	nennen
appropinquo 1	sich nähern
apud (+ Akk.)	bei
aqua, -ae f.	Wasser
ara, -ae f.	Altar
arbor, -oris f.	Baum
arceo 2	fern halten
arcus, -us m.	Bogen
ardeo 2, arsi	(ver)brennen
arma, -orum n.	Waffen
ars, artis f.	Kunst
arx, arcis f.	Burg
aspicio M, -spexi, -spectum	erblicken
at	aber
ater, atra, atrum	schwarz
Athenae, -arum f.	Athen
Athenienses, -ium m.	die Athener
atque	und
attentus 3	aufmerksam
attineo 2, attinui (ad)	betreffen
auctor, -oris m.	Urheber, Ahnherr
auctoritas, -atis f.	Ansehen
audio 4	hören
augeo 2, auxi, auctum	vergrößern
aurum, -i n.	Gold
aut	oder
autem	aber
auxilium, -i n.	Hilfe
avunculus, -i m.	Onkel
avus, -i m.	Großvater
beatus 3	glücklich
bellum, -i	Krieg
bene (Adv.)	gut
beneficium, -i n.	Wohltat
bestia, -ae f.	wildes Tier
bibo 3, bibi	trinken
bonus 3	gut
bos, bovis m./f.	Rind
brevis, -e	kurz
cado 3, cécidi	fallen
caedo 3, cecídi, caesus	fällen, töten
caelum, -i n.	Himmel; Wetter
calidus 3	warm, heiß
campus, -i m.	Feld
canis, -is m.	Hund
cano 3, cécini	singen
canto 1	singen
capio M, cepi, captum	fangen; nehmen
capitis damnare	zum Tod verurteilen
captivus, -i m.	Gefangener
caput, -itis n.	Kopf; Hauptstadt
careo 2 (+ Abl.)	entbehren
carmen, -inis n..	Lied; Gedicht
carus 3	lieb, teuer
castra, -orum n.	Lager
casus, -us m.	Fall, Zufall
causa (+ Genetiv)	wegen
causa, -ae f.	Grund
cedo 3, cessi, cessum	weichen
celeber, -bris, -bre	berühmt
celebro 1	feiern
celer, -eris, -ere	schnell
celeritas, -atis f.	Geschwindigkeit
Celtae, -arum m.	die Kelten
cena, -ae f.	(Nacht-)Mahl
ceno 1	speisen
censeo 2	glauben, meinen
cerno 3, crevi, cretum	erkennen
certamen, -inis n.	(Wett-)Streit
certo 1	kämpfen, streiten
certus 3	sicher
aliquem certiorem facere	jemanden benachrichtigen
ceteri, -ae, -a	die übrigen
cibus, -i m.	Speise
circensis, -e	Zirkus
circum (+ Akk.)	um . . . herum
circumdo 1, -dedi, -datum	umgeben
civilis, -e	bürgerlich, Bürger
civis, -is m.	Bürger
civitas, -atis f.	Gemeinde, Staat
clam	heimlich
clamo 1	rufen
clamor, -oris m.	Geschrei
clarus 3	berühmt
classis, -is f.	Flotte
claudo 3, clausi, clausum	(ab)schließen
cogito 1	denken
cognosco 3, -novi, -nitum	erkennen, erfahren
cogo 3, coegi, coactum	sammeln, zwingen
collis, -is m.	Hügel
colloco 1	anlegen, errichten
colo 3, colui, cultum	pflegen, verehren
comes, -itis m.	Begleiter
committo 3, -misi, -missum	(Kampf etc.) beginnen
commoveo 2, -movi, -motum	veranlassen
commuto 1	vertauschen

compleo 2, -plevi, -pletum	er-, anfüllen
complures, -plura	mehrere
compono 3, -posui, -positum	verfassen
concedo 3, -cessi, -ssum	erlauben
conclamo 1	zusammenrufen
concordia, -ae f.	Eintracht
confero, -ferre, -tuli	vergleichen
conficio M, -feci, -fectum	beenden; anfertigen
coniungo 3, -iunxi, -iunctum	verbinden
coniunx, coniugis m./f.	Gatte, Gattin
consentio 4, -sensi, -sensum	zustimmen
consido 3, -sedi, -sessum	sich niedersetzen
consilium, -i n.	Plan; Rat
constans, -antis	standhaft
constituo 3, -stitui, -tutum	beschließen
consul, -ulis m.	Konsul
consulo 3, -sului, -sultus	befragen
contendo 3, -tendi, -ntus	eilen; kämpfen
contra (+ Akk.)	gegen
convenio 4, -veni, -ventum	zusammenkommen
copia, -ae f.	Menge; Pl.: Truppen
cornu, -us n.	Horn; Heeresflügel
corpus, -oris n.	Körper
corrumpo 3, -rupi, ruptum	verderben
cottidie	täglich
cras	morgen
credo 3, credidi, -ditum	glauben
creo 1	(er)zeugen
crimen, -inis n.	Verbrechen
crudelis, e	grausam
crudelitas, -atis f.	Grausamkeit
crux, crucis f.	Kreuz
cubiculum, -i n.	Schlafzimmer
cubitum ire	schlafen gehen
cum (+ Abl.)	mit
cum (Konjunktion)	wenn, sooft, als
cum – tum	sowohl – als auch
cuncti, -ae, -a	alle
cupiditas, -atis f.	Begierde
cupidus 3 (+ Genetiv)	begierig (nach)
cupio M, cupivi, cupitum	wünschen
cur	warum
cura, -ae f.	Sorge
curia, -ae f.	Rathaus
curo 1	sorgen
curro 3, cucurri, cursum	laufen
currus, -us m.	Wagen
cursus, -us m.	Kurs, Bahn
custodio 4	bewachen
damno 1	verurteilen
de (+ Abl.)	von, über
dea, -ae f.	Göttin
debeo 2, debui, debitum	schulden; müssen
decem	zehn
decet (+ Akk.)	es gehört sich (für)
decimus 3	der zehnte
defendo 3, -fendi, -nsum	verteidigen
deficio M, -feci, -fectum	schwach werden
deinde	dann
delecto 1	erfreuen
deleo 2, delevi, deletum	zerstören
denique	schließlich
dens, dentis m.	Zahn
descendo 3, -scendi, -scensum	herabsteigen
desiderium, -i n.	Sehnsucht
desidero 1	vermissen, ersehnen
desisto 3, -stiti	ablassen
despero 1	verzweifeln
despicio M, -spexi, -ctum	verachten
desum, deesse, defui	fehlen
deturbo 1	vertreiben
deus, -i (Pl.: di) m.	Götter
dexter, dextra, dextrum	rechts
dico 3, dixi, dictum	sagen, nennen
Dido, -onis f.	Dido (Königin von Karthago)
dies festus m.	Festtag
dies, diei m.	Tag
difficilis, -e	schwierig
difficultas, -atis f.	Schwierigkeit
dignus 3 (+ Ablativ)	würdig
diligens, -entis	eifrig, fleißig
diligentia, -ae f.	Sorgfalt
diligo 3, dilexi, dilectum	lieben
discedo 3, -cessi, -cessum	weggehen
disciplina, -ae f.	Disziplin; Lehre
discipulus, -i m.	Schüler
disco 3, didici	lernen
displiceo 2	missfallen
diu	lange
diversus 3	verschieden
dives, -itis	reich
divido 3, divisi, divisum	teilen
divitiae, -arum f.	Reichtum
do 1, dedi, datum	geben
doceo 2, docui, doctum	lehren
doctus 3	gelehrt
doleo 2, dolui	bedauern
dolor, -oris m.	Schmerz
dolus, -i m.	List
domicilium, -i n.	Wohnsitz
dominus, -i m.	Herr
domo 1, -ui, -itum	zähmen
domus, -us f.	Haus
dono 1	(be)schenken
donum, -i n.	Geschenk
dormio 4	schlafen
druidae, -arum m.	die Druiden
duco 3, duxi, ductum	führen
dulcis, -e	süß, angenehm
dum (+ Präsens)	während
duo, duae, duo	zwei
dux, ducis m.	Führer
e, ex (+ Abl.)	von, aus
edisco 3, edidici	auswendig lernen
edo 3, edidi, editum	hervorbringen
educo 1	erziehen
egeo 2 (+ Abl.)	entbehren
ego	ich
egregius 3	hervorragend
enim (nachgestellt)	denn, nämlich
eo (Adv.)	dorthin
eo, ire, ii, itum	gehen
epistula, -ae f.	Brief
eques, equitis m.	Reiter
equus, -i m.	Pferd
ergo	deshalb
erro 1	(umher)irren
error, -oris m.	Irrtum, Irrfahrt
erumpo 3, erupi, eruptum	hervorbrechen
et	und
et – et	sowohl – als auch
etiam	auch, sogar
excito 1	aufwecken
exclamo 1	ausrufen
exemplum, -i n.	Beispiel
exerceo 2	üben
exercitus, -us m.	Heer
existimo 1	glauben
expello 3, -puli, -pulsum	vertreiben
expono 3, -posui, -positum	ausstellen, aussetzen
expugno 1	erobern
exspectatio, -onis f.	Erwartung
exspecto 1	erwarten
extremus 3	äußerster
fabula, -ae f.	Geschichte, Sage, Fabel
facilis, -e	leicht
facinus, -oris n.	Tat, Untat
facio M, feci, factum	tun, machen
familia, -ae f.	Familie
fas n.	Recht
faveo 2, favi, fautum (+ Dat.)	begünstigen
felix, -icis	glücklich
femina, -ae f.	Frau
fere	fast; ungefähr
feriae, -arum f.	Ferien
fero, ferre, tuli, latum	(er)tragen, bringen
ferrum, -i n.	Eisen
fertur (+ Ncl)	man berichtet
fides, -ei f.	Treue
fidus 3	treu
filia, -ae f.	Tochter
filius, -i m.	Sohn
finis, -is m.	Ende; Pl.: Gebiet
finitimus 3	benachbart
fio, fieri, factus sum	gemacht werden
flamma, -ae f.	Flamme
fleo 2, flevi, fletum	weinen
flos, floris m.	Blume
flumen, -inis n.	Fluss
fluvius, -i m.	Fluss
fons, fontis m.	Quelle
forma, -ae f.	Gestalt
fortis, -e	tapfer
fortitudo, -inis f.	Tapferkeit

fortuna, -ae f.	Glück; Schicksal
fortunae, -arum f.	Hab und Gut
fossa, -ae f.	Graben
frater, fratris m.	Bruder
frumentum, -i n.	Getreide
frustra	vergeblich
fugio M, fugi	fliehen
funus, -eris n.	Begräbnis
Galli, -orum m.	die Gallier
gaudeo 2	sich freuen
gaudium, -i n.	Freude
geminus, -i m.	Zwilling
gens, gentis f.	Volk, Geschlecht
genus, -eris n.	Geschlecht
gero 3, gessi, gestum	tragen; führen
gladiator, -oris m.	Gladiator
gloria, -ae f.	Ehre
Graeci, -orum m.	die Griechen
Graecia, -ae f.	Griechenland
Graecus 3	griechisch
gratia, -ae f.	Dank; Ansehen
gratiam habere	danken
gratias agere	danken
gratus 3	dankbar; angenehm
gravis, -e	schwer
grex, gregis m.	Herde; Schar
habeo 2	haben
habito 1	wohnen
haud	nicht
heri	gestern
hic (Adv.)	hier
hic, haec, hoc	dieser
hillus, -i m.	Knackwurst
homo, -inis m.	Mensch
honestus 3	ehrenhaft
honos (honor), -oris m.	Ehre
hora, -ae f.	Stunde
horridus 3	schrecklich
hortus, -i m.	Garten
hospes, -itis m.	Gast; Gastgeber
hospitium, -i n.	Gastfreundschaft
hostis, -is m.	Feind
humanus 3	menschlich
iaceo 2	liegen
iam	schon
ibi	dort
idem, eadem, idem	derselbe
Idus, -uum f.	die Iden
igitur	daher
ignis, -is m.	Feuer
ignoro 1	nicht wissen / kennen
ignotus 3	unbekannt
ille, illa, illud	jener
imperator, -oris m.	Kaiser; Feldherr
imperium, -i n.	Reich; Herrschaft; Befehl
impero 1	befehlen
imprimis	vor allem
in (+ Abl.)	in, auf, bei
in (+ Akk.)	in, nach; gegen
incendium, -i n.	Brand
incendo 3, -cendi, -nsum	anzünden
incertus 3	ungewiss
includo 3, -clusi, -clusum	einschließen
incola, -ae m.	Bewohner
incolo 3, -colui, -cultum	bewohnen
infans, -antis m./f.	Säugling
infelix, -icis	unglücklich
infinitus 3	unbegrenzt
ingenium, -i n.	Talent
ingens, -entis	gewaltig, riesig
inimicus, -i m.	Feind
initio	anfangs
initium, -i n.	Anfang
iniuria, -ae f.	Unrecht
inquit	er / sie sagt(e)
inspicio M, -spexi, -spectum	besichtigen
instituo 3, -stitui, -tutum	einrichten
institutum, -i n.	Einrichtung
insula, -ae f.	Insel
integer, -gra, -grum	unversehrt
intellego 3, intellexi, -lectum	erkennen
inter (+ Akk.)	zwischen
interdum	manchmal
intereo, -ire, -ii, -itum	zugrunde gehen
interim	inzwischen
interrogo 1	fragen
intersum, -esse, -fui	beiwohnen

intra (+ Akk.)	innerhalb
intro 1	be-, eintreten
invenio 4, -veni, -ventum	(er)finden
invictus 3	unbesiegt
invideo 2, -vidi, -visum	beneiden (+ Dat.)
invito 1	einladen
ipse, ipsa, ipsum	selbst
iratus 3	erzürnt
is, ea, id	dieser; er
iste, ista, istud	dieser (da)
ita	so
itaque	daher
iter, itineris n.	Weg
iterum	wiederum
iubeo 2, iussi, iussum	befehlen (+ Akk.)
iudicium, -i n.	Gericht; Urteil
iudico 1	(be)urteilen
Iuno, -onis f.	Juno
Iuppiter, Iovis m.	Jupiter
ius, iuris n.	Recht
iussu	auf Befehl
iustitia, -ae f.	Gerechtigkeit
iustus 3	gerecht
iuvat	es freut
iuventus, -utis f.	Jugend
iuvo 1, -iuvi, -iutum	helfen (+Akk.)
labor, -oris m.	Arbeit
lacrima, -ae f.	Träne
laedo 3, laesi, laesum	verletzen
laetitia, -ae f.	Freude
laetus 3	froh
latus 3	breit
laudo 1	loben
laus, laudis f.	Lob
lavo 1, lavi, lautum	waschen
legatus, -i m.	Statthalter; Gesandter
lego 3, legi, lectum	lesen
leo, -onis m.	Löwe
levis, -e	leicht
lex, legis f.	Gesetz
libellus, -i m.	Heft, Büchlein
libenter	gern
liber, -era, -erum	frei
liber, libri m.	Buch
liberi, -orum m.	Kinder
libero 1	befreien
libertus, -i m.	Freigelassener
licet	es ist möglich / erlaubt
lingua, -ae f.	Zunge; Sprache
littera, -ae f.	Buchstabe
litus, -oris n.	Küste
locus, -i m.	Ort
loca, -orum n.	Gegend
longus 3	lang
ludus, -i m.	Spiel
lupa, -ae f.	Wölfin
lupus, -i m.	Wolf
lux, lucis f.	Licht
magis	mehr
magister, -tri m.	Lehrer
magistratus, -us m.	Beamter; Amt
magnificus 3	großartig
magnus 3	groß
maiores, -um m.	Ahnen
malum, -i n.	Übel, Unglück
malus 3	schlecht
mando 1	anvertrauen
mane	morgens
maneo 2, mansi, mansum	bleiben
manus, -us f.	Hand; Schar
mare, -is n.	Meer
maritus, -i m.	Gatte
Mars, Martis m.	Mars
mater, matris f.	Mutter
maxime	am meisten
maximus 3	der größte
medius 3	der mittlere
memini, -isse (+ Gen.)	sich erinnern
memor, -oris (+ Gen.)	eingedenk
memoria, -ae m.	Gedächtnis
memoro 1	erwähnen
mens, mentis f.	Geist, Sinn
mensis, -is m.	Monat
meridies, -ei m.	Mittag
meritum, -i n.	Verdienst
metus, -us m.	Furcht
meus 3	mein

migro 1	reisen
miles, -itis m.	Soldat
minime	keineswegs
minimus 3	der kleinste
minister, -tri m.	Diener
minuo 3, minui, minutum	verringern
minus	weniger
mirabilis, -e	wunderbar
mirus 3	erstaunlich
miser, -era, -erum	elend, arm
mitto 3, misi, missum	schicken
modo – modo	bald – bald
modus, -i m.	Art; Maß
moenia, -ium n.	Mauern
moneo 2	(er)mahnen
mons, montis m.	Berg
monstro 1	zeigen
monumentum, -i n.	Denkmal
mora, -ae f.	Verzögerung
morbus, -i m.	Krankheit
mordeo 2, momordi	beißen
mors, mortis f.	Tod
mortuus 3	tot
mos, moris m.	Sitte
moveo 2, movi, motum	bewegen
mox	bald
multi, -ae, -a	viele
multitudo, -inis f.	Menge
multum	viel
munio 4	befestigen
munus, -eris n.	Pflicht; Geschenk
murus, -i m.	Mauer
muto 1	verändern, verwandeln
nam	denn
narratio, -onis f.	Erzählung
narro 1	erzählen
natio, -onis f.	Volk, Staat
natus 3	geboren
nauta, -ae m.	Seemann
navigo 1	segeln
navis, -is f.	Schiff
–ne (Fragepartikel)	(unübersetzt)
ne – quidem	nicht einmal
Neapolis, -is f.	Neapel
nec = neque	
neco 1	töten
nego 1	verneinen
negotium, -i n.	Beschäftigung
nemo	niemand
neque	und nicht
neque – neque	weder – noch
nescio 4, -scivi, -scitum	nicht wissen
nihil	nichts
nimius 3	allzu groß
nisi	wenn nicht; außer
nobilis, -e	vornehm
nolo, nolle, nolui	nicht wollen
nomen, -inis n.	Name
nomino 1	nennen
non	nicht
non iam	nicht mehr
non solum – sed etiam	nicht nur – sondern auch
Nonae, -arum f.	die Nonen
nondum	noch nicht
nonne (Fragepartikel)	nicht?
nonnulli, -ae, -a	einige
nonnumquam	manchmal
nos	wir
nosco 3, novi, notum	kennen lernen
novi, novisse	kennen
noster, -tra, -trum	unser
novus 3	neu
nox, noctis f.	Nacht
nubo 3, nupsi (+ Dativ)	heiraten
nullus 3	kein
num (Fragepartikel)	etwa?
numerus, -i m.	(An)Zahl
numquam	niemals
nunc	jetzt
nuntius, -i m.	Bote; Meldung
nuper	neulich
nuptiae, -arum f.	Hochzeit
ob (+ Akk.)	wegen
obses, -sidis m.	Geisel
obtempero 1	gehorchen
obviam	entgegen
occido 3, -cidi	sterben
occupatus 3	beschäftigt
occupo 1	besetzen
oculus, -i m.	Auge
odium, -i n.	Hass
officium, -i n.	Pflicht
olim	einst
omnis, -e	jeder; Pl.: alle
opes, -um f.	Schätze
opinio, -onis f.	Meinung
oportet	es ist nötig
oppidum, -i n.	Stadt
opprimo 3, -pressi, -ssum	überwältigen
oppugno 1	belagern
optimus 3	der beste
opto 1	wünschen
opus, -eris n.	Werk
oraculum, -i	Orakel
orator, -oris m.	Redner
ordo, -inis m.	Reihe; Stand
origo, -inis f.	Ursprung
orno 1	schmücken
oro 1	beten
ostendo 3, ostendi	zeigen
otium, -i n.	Freizeit, Muße
ovis, -is f.	Schaf
Palatium, -i n.	der Palatin (Hügel)
panis, -is m.	Brot
par, paris	gleich
parco 3, peperci (+ Dat.)	schonen
parentes, -um m.	Eltern
pareo 2	gehorchen
paro 1	bereiten; erwerben
parum	zu wenig
parvus 3	klein
pastor, -oris m.	Hirte
pater, patris m.	Vater
patria, -ae f.	Heimat
pauci, -ae, -a	wenige
paulatim	allmählich
paulo post	wenig später
paulum	ein wenig
pauper, -eris	arm
pax, pacis f.	Friede
pensum, -i n.	Aufgabe
per (+ Akk.)	durch
periculosus 3	gefährlich
periculum, -i n.	Gefahr
peritia, -ae f.	Erfahrung
peritus 3 (+ Gen.)	kundig
perpetuus 3	dauernd
pertineo 2, -ui	sich erstrecken
pervenio 4	gelangen
pes, pedis m.	Fuß
peto 3, petivi, petitum	anstreben, -greifen
peto a te	ich bitte dich
pietas, -atis f.	Pflichtbewusstsein
piscis, -is m.	Fisch
pius 3	fromm
placeo 2	gefallen
plebs, plebis f.	Volk
plenus 3	voll
plerumque	meistens
pluit	es regnet
plus	mehr
poena, -ae f.	Strafe
poeta, -ae m.	Dichter
pono 3, posui, positum	setzen, legen
pons, pontis m.	Brücke
populus, -i m.	Volk
porta, -ae f.	Tor
porto 1	tragen
possideo 2, -sedi, -sessum	besitzen
possum, posse, potui	können
post (+ Akk.)	nach
post(ea) (Adv.)	später
postquam (+ Perfekt)	nachdem
potestas, -atis f.	Macht
praebeo 2	bieten
praeclarus 3	hochberühmt
praesidium, -i n.	Schutz
praesum, -esse, -fui	vorstehen, befehligen
praeter (+Akk.)	außer
preces, -um f.	Bitten
premo 3, pressi, pressum	bedrängen
pretium, -i n.	Preis, Wert
primum	zuerst
primus 3	erster

princeps, -cipis m.	Kaiser
prior, prius	der frühere
pro (+ Abl.)	für; gemäß
procul	fern
proelium, -i n.	Schlacht
prohibeo 2	hindern, abhalten
prope (+ Akk.)	nahe bei
propero 1	eilen
propinquus 3	benachbart
propter (+ Akk.)	wegen
proximus 3	nächster; letzter
prudentia, -ae f.	Klugheit
publicus 3	öffentlich
puer, -eri m.	Knabe
pugna, -ae f.	Kampf
pugno 1	kämpfen
pulcher, -chra, -chrum	schön
pulchritudo, -inis f.	Schönheit
punio 4	bestrafen
puppis, -is f.	Schiff
puppim solvere	absegeln
puto 1	glauben
qua de causa	weshalb
quaero 3, -sivi, -situm	suchen
quaero ex te	ich frage dich
qualis, -e	wie (beschaffen)?
quam	wie; als
quamquam	obwohl
quando	wann
quantum	wie sehr, wie viel
quantus 3	wie groß?
quasi	gleichsam
-que	und
qui, quae, quod	welcher, der
qui-, quae-, quodcumque	jeder, der
quidam, quae-, quoddam	ein gewisser; Pl.: einige
quidem	zwar, freilich
quies, quietis f.	Ruhe
quis, quid	wer?, was?
quo	wohin
quo – eo	je – desto
quod	dass; weil
quomodo	wie?
quondam	einst
quoniam	weil
quoque	auch
quot	wie viele?
rapio M, rapui, raptum	rauben
ratio, -onis f.	Vernunft; Art
rectus 3	richtig
reddo 3, -didi, -ditum	zurückgeben
reduco 3, -duxi, -ductum	zurückführen
refero, -ferre, rettuli	berichten
regina, -ae f.	Königin
regno 1	herrschen
regnum, -i n.	Königreich
rego 3, rexi, rectum	lenken, leiten
relinquo 3, -liqui, -lictum	verlassen
remigro 1	zurückkehren
reperio 4, repperi, -pertum	finden
reprimo 3, -pressi, -ssum	zurückdrängen
res adversae f.	Unglück
res publica f.	Staat
res secundae f.	Glück
res, rei f.	Sache
resisto 3, restiti	Widerstand leisten
respondeo 2, -ndi, -nsum	antworten
responsum, -i n.	Antwort
reus, -i m.	Angeklagter
revenio 4, -veni, -ventum	zurückkehren
rex, regis m.	König
rideo 2, risi, risum	lachen
ripa, -ae f.	Ufer
rogo 1	fragen; bitten
Roma, -ae f.	Rom
Romani, -orum m.	die Römer
Romanus 3	römisch
rumor, -oris m.	Gerücht
rursus	wiederum
rus, ruris n.	Land
rusticus 3	ländlich
sacer, sacra, sacrum	heilig
sacerdos, -dotis m.	Priester
sacrificium, -i n.	Opfer
sacrifico 1	opfern
saeculum, -i n.	Jahrhundert
saepe	oft

salus, -utis f.	Rettung; Heil
saluto 1	grüßen
sapiens, -entis	klug
sapientia, -ae f.	Klugheit
satis	genug
scelus, -eris n.	Verbrechen
schola, -ae f.	Schule
scio 4, scivi, scitum	wissen
scribo 3, scripsi, -ptum	schreiben
scriptor, -oris m.	Schriftsteller
secundus 3	zweiter
sed	aber; sondern
sedeo 2, sedi, sessum	sitzen
semper	immer
senatorius 3	senatorisch
senatus, -us m.	Senat
sententia, -ae f.	Meinung
sentio 4, sensi, sensum	fühlen, merken
sermo, -onis m.	Rede, Gespräch
servio 4	dienen
servo 1	retten, schützen
servus, -i m.	Sklave
si	wenn
sic	so
sicut	sowie
silva, -ae f.	Wald
similis, -e	ähnlich
similitudo, -inis f.	Ähnlichkeit
sine (+ Abl.)	ohne
singuli, -ae, -a	einzelne
situs 3	gelegen
societas, -atis f.	Gemeinschaft
socius, -i m.	Gefährte
sol, solis m.	Sonne
soleo 2	gewohnt sein
solum	nur
solus 3	allein
solvo 3, solvi, solutum	lösen
soror, -oris f.	Schwester
spectaculum, -i n.	Schauspiel
spectator, -oris m.	Zuschauer
specto 1	anschauen
spelunca, -ae f.	Höhle
spero 1	hoffen
spes, spei f.	Hoffnung
sponte mea (tua/sua)	freiwillig
statim	sofort
statua, -ae f.	Statue
statuo 3, statui, -tutum	festsetzen
sto 1, steti	stehen
studeo (+ Dat.)	streben (nach)
studium, -i n.	Eifer
stultus 3	dumm
sub (+ Akk. / Abl.)	unter
sum, esse, fui	sein
summus 3	der höchste
supero 1	übertreffen
surgo 3, surrexi, -rectum	sich erheben
sus, suis m./f.	Schwein, Sau
suus 3	sein; ihr
tabula, -ae f.	Tafel
tacitus 3	schweigend
talis, -e	so (beschaffen)
tam	so
tamen	dennoch
tandem	schließlich
tango 3, tetigi, tactum	berühren
tantum	nur
tego 3, texi, tectum	bedecken
templum, -i n.	Tempel
tempus, -oris n.	Zeit
teneo 2, tenui	halten
terminus, -i m.	Grenze
terra, -ae f.	Erde, Land
terreo 2	erschrecken
timeo 2	fürchten
timor, -oris m.	Furcht
tolero 1	ertragen
tollo 3, sustuli, sublatum	aufheben
tot	so viele
totus 3	ganz
tracto 1	behandeln
trado 3, -didi, -ditum	übergeben
traho 3, traxi, tractum	ziehen
transcendo 3, -cendi, -censum	überschreiten
transporto 1	hinüberführen
tristis, -e	traurig

triumphus, -i m.	Triumph(zug)
tum, cum	damals, als
turba, -ae f.	Schar
turris, -is f.	Turm
tuus 3	dein
ubi	wo; sobald
ullus 3	irgendein
umbra, -ae f.	Schatten
una cum	gemeinsam mit
unda, -ae f.	Welle
unde	woher
unus 3	ein, einzig
urbs, urbis f.	Stadt
usque ad (+ Akk.)	bis zu
ut	wie
uter, utra, utrum	welcher
uterque, utra-, utrumque	jeder
utrum – an	(unübers.) – oder
uxor, -oris f.	Gattin
vado 3	gehen
valde	sehr
valeo 2	gesund sein
varius 3	verschieden
vasto 1	verwüsten
veho 3, vexi, vectum	führen
vel	oder
vel – vel	entweder – oder
venia, -ae f.	Gnade
venio 4, veni, ventum	kommen
verbum, -i n.	Wort
vere	echt, wahrhaft
versus, -us m.	Vers
verto 3, verti, versum	wenden
verus 3	wahr
vester, -tra, -trum	euer
vestigium, -i n.	Spur
vestis, -is f.	Gewand
veto 1, vetui, vetitum (+Akk.)	verbieten
vetus, -eris	alt
via, -ae f.	Weg
victor, -oris	siegreich; Sieger
victoria, -ae f.	Sieg
vicus, -i m.	Dorf
video 2, vidi, visum	sehen
videor	ich scheine
villa, -ae f.	Landhaus
vinco 3, vici, victum	(be)siegen
vinum, -i n.	Wein
vir, viri m.	Mann
virgo, -inis f.	Jungfrau
virtus, -utis f.	Tapferkeit, Tugend
vis, vim, vi; Pl.: vires, -ium f.	Kraft, Gewalt
visito 1	besuchen
vita, -ae f.	Leben
vitam agere	das Leben verbringen
vivo 3, vixi	leben
vix	kaum
vocabulum, -i n.	Vokabel
voco 1	rufen
volo 1	fliegen, eilen
volo, velle, volui	wollen
voluntas, -atis f.	Wille
vos	ihr
vox, vocis f.	Stimme
vulgus, -i n.	Volk

DEUTSCH-LATEINISCHES WÖRTERVERZEICHNIS

ähnlich	*similis, -e*
alleine	*solus 3*
antworten	*respondeo 2, -ndi, -nsum*
Athen	*Athenae, -arum*
außer	*praeter (+ Akk.)*
bald	*mox*
Baum	*arbor, -oris f.*
berühmt	*clarus 3*
Beschluß	*consilium, -i*
besichtigen	*visito 1*
besser	*melior, melius*
beten	*oro 1*
bleiben	*maneo 2, mansi, mansum*
Brindisi	*Brundisium, -i*
Buch	*liber, -bri*
daheim	*domi*
Deutschland	*Germania, -ae*
Dichter	*poeta, -ae m.*
dieser, -e, -es	*hic, haec, hoc*
dort	*ibi*
eilen	*propero 1*
einladen	*invito 1*
Eltern	*parentes, -um*
erbauen	*aedifico 1*
ermahnen	*moneo 2*
erobern	*occupo 1*
erwarten	*exspecto 1*
erzählen	*narro 1*
feiern	*celebro 1*
Feind	*hostis, -is m.*
Feld	*ager, agri*
Feldherr	*imperator, -oris*
Fluß	*fluvius, -i*
fragen	*(inter)rogo 1*
Frau	*femina, -ae*
freuen (sich)	*gaudeo 2*
Freund	*amicus, -i*
Freundin	*amica, -ae*
führen	*duco 3, duxi, ductum*
für	*pro (+ Abl.)*
Gallien	*Gallia, -ae*
Gallier	*Galli, -orum*
ganz	*totus 3*
Gebäude	*aedificium, -i*
geben	*do 1, dedi, datum*
gefallen	*placeo 2*
gehorchen	*obtempero 1*
gerecht	*iustus 3*
gewisser	*qui-, quae-, quoddam*
Gott	*deus, -i*
Göttin	*dea, -ae*
Griechenland	*Graecia, -ae*
griechisch	*Graecus 3*
grüßen	*saluto 1*
gut	*bonus 3*
Haus	*domus, -us f.*
heftig	*vehemens, -ntis*
heilig	*sacer, sacra, sacrum*
hervorragend	*egregius 3*
heute	*hodie*
Hilfe	*auxilium, -i*
hoch	*altus 3*
hören	*audio 4*
Hund	*canis, -is m.*
Insel	*insula, -ae*
Italien	*Italia, -ae*
Jahr	*annus, -i*
Karthago	*Carthago, -inis*
Kater	*felis, -is*
Kinder	*liberi, -orum*
kommen	*venio 4, veni, ventum*
kurz	*brevis, -e*
Land	*terra, -ae*
Landhaus	*villa, -ae*
Landleben	*vita rustica*
laufen	*curro 3*
Legion	*legio, -onis*
Lehrer	*magister, -tri*
lernen	*disco 3*
lesen	*lego 3*
lieben	*amo 1*
loben	*laudo 1*
machen	*ago 3; facio M*
Mahlzeit	*cena, -ae*
Mann	*vir, viri*
mehrere	*complures, -plura*
müssen	*debeo 2*
Mutter	*mater, -tris*
Nachbar	*vicinus, -i*
nicht	*non*
noch	*adhuc*
oft	*saepe*
ohne	*sine (+ Abl.)*
Österreich	*Austria, -ae*

Paris	*Lutetia, -ae*
pflegen	*soleo 2*
Provinz	*provincia, -ae*
reisen	*migro 1*
retten	*servo 1*
richtig	*rectus 3*
Rom	*Roma, -ae*
Römer	*Romani, -orum*
römisch	*Romanus 3*
rufen	*clamo 1*
Ruhm	*gloria, -ae*
sagen	*dico 3, dixi, dictum*
schicken	*mitto 3*
schlafen	*dormio 4*
schlecht	*malus 3*
schmücken	*orno 1*
schnell	*celer, -eris, -ere*
schon	*iam*
schön	*pulcher, -chra, -rum*
Schule	*schola, -ae*
Schüler	*discipulus, -i*
sehen	*video 2, vidi, visum*
sein	*suus 3*
selbst	*ipse, ipsa, ipsum*
Senator	*senator, -oris*
sicher	*certus 3*
Sieg	*victoria, -ae*
siegen	*vinco 3, vici, victum*
sie sind	*sunt*
sitzen	*sedeo 2, sedi, sessum*
Sklave	*servus, -i*
Sommer	*aestas, -atis*
spazieren	*ambulo 1*
Sprache	*lingua, -ae*
Staat	*res publica*
Stadt	*oppidum, -i; urbs, urbis*
standhaft	*constans, -antis*
stehen	*sto 1*
suchen	*quaero 3, quaesivi, quaesitum*
Syrakus	*Syracusae, -arum*
täglich	*cottidie*
Tempel	*templum, -i*
töten	*neco 1*
treffen (sich)	*convenio 4*
trotzdem	*tamen*
Tür	*porta, -ae*
unter	*sub (+ Akk./Abl.)*
veranstalten	*ago 3, egi, actum*
verbringen	*ago 3*
viele	*multi, -ae, -a*
Volk	*populus, -i*
vor	*ante (+ Akk.)*
Vorteil	*commodum, -i*
Wald	*silva, -ae*
wenige	*pauci, -ae, -a*
Wien	*Vindobona, -ae; Vienna, -ae*
zubereiten	*paro 1*
zurücklassen	*relinquo 3, -liqui, -lictum*

STICHWORTVERZEICHNIS

Ablativ 46, **114**, 116, 138
Adjektiva **63 ff.**, 141
– der a-/o-Deklination 63
– der 3. Deklination 65 f.
– Übereinstimmung 67
– als Substantiva 69
Adverbium 76 f.
Akkusativ 113
Bindevokal 10 f.
Dativ 43, **112**, 138
Deklinationen
– a-D. 44
– o-D. **45**, 57
– u-D. 48
– e-D. 48
– „Dritte" D. 50 ff.
– i-D. 53
– Misch-D. 55
Demonstrativpronomina 93 f.
domus 48, **49**, 121
eius / eorum, earum 103
esse 33
ferre 35
Futur 14 f.
Futur Exakt 18 f.
Genetiv **110 f.**, 135, 139
Graphische Darstellung von lateinischen Sätzen 136 f.
Imperativ 16
Imperfekt 13
in 139
Infinitive 30 f.
Interrogativpronomina 81 f.
ire 34
is, ea, id 93, 98, 103
Kasuslehre 110 f. (siehe auch die einzelnen Fälle
– Gesamtübersicht 115 f.
Komparativ 71
Lokativ 120
medial 12
NcI 130
Partizipia
– Bildung **27 ff.**, 140
– Participium Coniunctum **124 ff.**, 129, 135
Perfekt
– aktiv 18 f.
– passiv 23
Plusquamperfekt
– aktiv 18 f.
– passiv 23
posse 33
Präpositionen 106 f.
Präsens 11
Pronomina: siehe die einzelnen Pronomina
Personalpronomina 96 ff.
Possessivpronomina 102 ff.
pronominale Deklination 80
qui – quae – quod 82, 85, 89 f., 140
reflexiv (= medial) 12
reflexiv / nicht reflexiv 96, 103
Relativpronomen **85 f.**, 89
relativer Anschluß 90
Städtenamen 120 f.
Steigerung: siehe Komparativ bzw. Superlativ
– unregelmäßige 73 f.
Superlativ 72
suus 3 102 f.
velle 34
Vokativ 43, 113
Wortstellung im Lateinischen 134, 141

Wolfram Kautzky

DURCHSTARTEN IN LATEIN

LATEIN
FÜR DAS 1. LERNJAHR

LÖSUNGSHEFT

Das Lösungsheft wurde unter Mithilfe von Marlies Hübner erstellt

VERITAS
LERNHILFEN

DIE VERBA

(A = Aktiv, P = Passiv)

1

1. 1.P.Pl.Perfekt A **2.** 1.P.Pl.Präsens P **3.** 1.P.Pl.Futur A **4.** 2.P.Sg.Imperfekt P **5.** 1.P.Sg.PlqPf. A **6.** 3.P.Sg.Präsens P **7.** 3.P.Sg.PlqPf. P **8.** 3.P.Sg.PlqPf. A **9.** 3.P.Sg.Präsens P **10.** Mittelwort der Gegenwart A **11.** Nennform Perfekt A **12.** Nennform Perfekt P **13.** Imperativ Sg. **14.** 1.P.Pl.PlqPf. A **15.** 2.P.Pl.Imperfekt P **16.** 3.P.Sg.Futur P **17.** Nennform Präsens A **18.** Nennform Präsens P

2

1. gehen (Nennform Gegenwart) – ging (Imperfekt) – gegangen (Mittelwort der Vergangenheit).
2. Unterschied: im Lateinischen wird im Präsens zusätzlich die 1.P.Sg. angegeben, statt des Imperfekts wird das aktive Perfekt angeführt.

3

1. 2.P.Pl.Präsens A, „ihr sagt" **2.** 3.P.Sg.Präsens P, „es wird geschrieben" **3.** 1.P.Pl.Präsens, „wir beten" **4.** 1.P.Pl.Präsens P, „wir werden gebeten" **5.** 3.P.Pl.Präsens P, „sie werden gesehen" **6.** 3.P.Sg.Präsens P, „er/sie/es wird geraubt" **7.** 2.P.Sg.Präsens P, „du wirst gefangen" **8.** 2.P.Sg.Präsens A, „du fängst" **9.** 1.P.Sg.Präsens P, „ich werde gegrüßt" **10.** 2.P.Pl.Präsens P, „ihr werdet geführt" **11.** 3.P.Sg.Präsens A, „er/sie liest" **12.** 3.P.Sg.Präsens A, „er führt"

4

1. *mittimini* „ihr werdet geschickt" **2.** *audiuntur* „sie werden gehört" **3.** *amor* „ich werde geliebt" **4.** *veheris* „du wirst geführt" **5.** *salutantur* „sie werden gegrüßt" **6.** *respondetur* „es wird geantwortet" **7.** *acciperis* „du wirst empfangen" **8.** *petimur* „wir werden angegriffen" **9.** *videtur* „er/sie/es wird gesehen" **10.** *servantur* „sie werden gerettet" **11.** *doceor* „ich werde gelehrt" **12.** *capimini* „ihr werdet gefangen"

5

1. Täglich übten wir (uns). **2.** Warum wäschst du dich nicht? **3.** An welchen Sachen (= woran) erfreust du dich? **4.** Die Zeiten ändern sich.

6

1. man opfert **2.** man hat **3.** man hört **4.** man antwortet

7

lauda-ba-m, mone-ba-ris, leg-e-ba-t (-e- ist Bindevokal)

8

aktiv: *amabam, amabas, amabat, amabamus, amabatis, amabant*
passiv: *amabar, amabaris, amabatur, amabamur, amabamini, amabantur*

9

1. *narrabatis* **2.** *scribebatur* **3.** *orabamus* **4.** *orabamur* **5.** *videbantur* **6.** *rapiebatur* **7.** *capiebaris* **8.** *capiebas* **9.** *salutabar* **10.** *ducebamini* **11.** *legebat* **12.** *ducebat*

10

1. *dabat* **2.** *monstrabantur* **3.** *videbaris* **4.** *constituebas* **5.** *addebatur* **6.** *capiebamur* **7.** *dicebamus* **8.** *discebam* **9.** *servabar* **10.** *docebatis*

11

1. *manebo, manebis, manebit, manebimus, manebitis, manebunt* **2.** *veniam, venies, veniet, veniemus, venietis, venient* **3.** *faciam, facies, faciet, faciemus, facietis, facient* **4.** *invitabor, invitaberis, invitabitur, invitabimur, invitabimini, invitabuntur* **5.** *mittar, mitteris, mittetur, mittemur, mittemini, mittentur*

12

volves: **a)** 2.P.Sg.Präsens A, e-Konjugation; **b)** 2.P.Sg.Futur A, konsonantische Konjugation (richtig ist b: *volves* = „du wirst wälzen")

13

1. konsonantische Konj., Futur P, „es wird geschrieben werden" **2.** i-Konj., Futur A, „er/sie wird finden" **3.** e-Konj., Präsens P, „er/sie/es wird gelehrt" **4.** e-Konj. Präsens A, „er freut sich"

14

	Infinitiv	Konjugation	a/e-Futur	b-Futur	Übersetzung
ages	*agere*	konson.	✓		du wirst tun
parabis	*parare*	a-Konj.		✓	du wirst bereiten
videbitur	*videre*	e-Konj.		✓	er/sie wird gesehen werden
dabis	*dare*	a-Konj.		✓	du wirst geben
petam	*petere*	konson.	✓		ich werde bitten
sedebimus	*sedere*	e-Konj.		✓	wir werden sitzen
cupiemus	*cupere*	Misch-K.	✓		wir werden wünschen
intrabunt	*intrare*	a-Konj.		✓	sie werden betreten
arcebuntur	*arcere*	e-Konj.		✓	sie werden abgehalten werden
dormiet	*dormire*	i-Konj.	✓		er/sie wird schlafen

15

1. ich werde zeigen **2.** sie werden gerufen werden **3.** er/sie wird besiegt werden **4.** sie werden führen **5.** ich werde fangen **6.** wir werden sehen

16

1. *narrabit* **2.** *narratur* **3.** *videmur* **4.** *videbimus* **5.** *videbitur* **6.** *vincent* **7.** *vincentur* **8.** *venient* **9.** *dabo* **10.** *invitaberis* **11.** *invitabis* **12.** *invitaris*

17

specta „betrachte", *spectate* „betrachtet"; *vide* „sieh(e)", *videte* „seht"; *lege* „lies", *legite* „lest"; *cape* „fang", *capite* „fangt"; *audi* „höre", *audite* „hört"

18

1. *responde!* **2.** *date!* **3.** *currite!* **4.** *age!* **5.** *dormite!* **6.** *veni!* **7.** *narrate!* **8.** *salutate!* **9.** *dormi!*

19

Audi

20

1. *dormi* = Imperativ Sg., übrige Formen 1.P.Sg.Perfekt A
2. *more* = 6.F.Sg., übrige Formen Imperativ Sg.

21

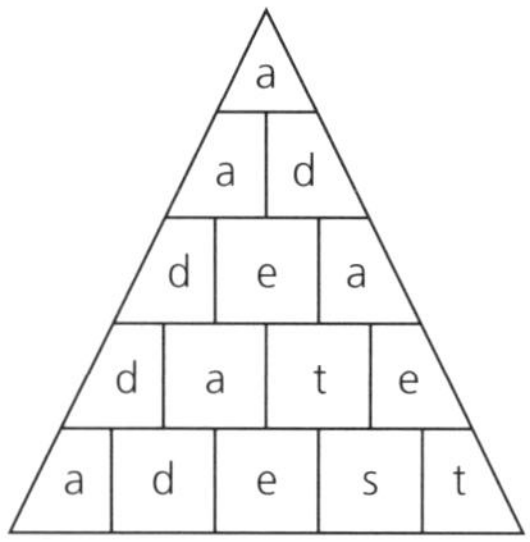

22

petis – petes – petebas; ducuntur – ducentur – ducebantur; creditur – credetur – credebatur; agit – aget – agebat; pugnatur – pugnabitur – pugnabatur; do – dabo – dabam; tenentur – tenebuntur – tenebantur; narramus – narrabimus – narrabamus; habent – habebunt – habebant; quaerimur – quaeremur – quaerebamur; laudor – laudabor – laudabar

23

1. *doces* ist falsch, weil Präsens.
2. *addetur* ist falsch, weil Futur.

TEST, Seite 17:

1. du liest **2.** du wirst lesen **3.** ich werde hinzufügen **4.** du zogst **5.** er/sie/es wurde besiegt **6.** fügt hinzu! **7.** er/sie/es wird besiegt **8.** ich werde antworten **9.** es wird gegeben werden = man wird geben **10.** es wird getan = man tut **11.** es wird getan werden = man wird tun **12.** sie werden sehen **13.** sie befahlen **14.** wir wichen **15.** es wird geglaubt werden = man wird glauben **16.** ihr werdet gelehrt **17.** ich werde schicken **18.** ich sang **19.** du wirst abhalten **20.** wir haben **21.** ihr sagt **22.** sie wurden zurückgelassen **23.** ich werde kommen **24.** gib! **25.** du wirst gerufen **26.** du wirst betrachtet werden **27.** helft! **28.** mach! **29.** wir wurden betrachtet **30.** es wird zerstört = man zerstört **31.** ich werde abgehalten **32.** du wurdest gerufen

Seite 18:

Im regelmäßigen Perfekt der e-Konjugation verschwindet das -e-.

24

monuerunt – monuerant; audiverunt – audiverant; ceperunt – ceperant; legerunt – legerant

25

1. *vocavi* „ich habe gerufen" **2.** *dormiverunt* „sie haben geschlafen" **3.** *imperavistis* „ihr habt befohlen" **4.** *fecimus* „wir haben getan" **5.** *intravisti* „du bist eingetreten" **6.** *scripsistis* „ihr habt geschrieben" **7.** *audivimus* „wir haben gehört" **8.** *scivisti* „du hast gewusst" **9.** *rogavimus* „wir haben gefragt" **10.** *vixerunt* „sie haben gelebt" **11.** *cecidit* „er/sie ist gefallen" **12.** *quaesivisti* „du hast gesucht" **13.** *sustulistis* „ihr habt aufgehoben" **14.** *posui* „ich habe gelegt" **15.** *vidi* „ich habe gesehen"

26

1. *dicimus* (1.P.Pl.Präsens, Rest Perfekt)
2. *casui* (3.F.Sg.u-Deklination, Rest 1.P.Sg.Perfekt A)

27

Perfekt: *docuit* „er/sie hat gelehrt", *scripsi* „ich habe geschrieben", *egistis* „ihr habt getan", *gessimus* „wir haben getragen", *dixi* „ich habe gesagt", *dederunt* „sie haben gegeben", *laboravimus* „wir haben gearbeitet", *arcuerunt* „sie haben abgehalten", *imperavit* „er/sie hat befohlen", *occupavi* „ich habe besetzt", *quaesivimus* „wir haben gesucht", *surrexisti* „du bist aufgestanden", *veni* „ich bin gekommen"

Plusquamperfekt: *puniverant* „sie hatten bestraft", *sciverat* „er/sie hatte gewußt", *exspectaveratis* „ihr hattet erwartet", *imperaveram* „ich hatte befohlen", *coegerant* „sie hatten gesammelt/gezwungen", *arcuerant* „sie hatten abgehalten", *reddideras* „du hattest zurückgegeben", *cupiveram* „ich hatte gewünscht", *cecineramus* „wir hatten gesungen", *vexerat* „er hatte geführt", *dormiverant* „sie hatten geschlafen"

Futur Exakt: *narravero* „ich werde erzählt haben", *exspectaveritis* „ihr werdet erwartet haben", *erraveris* „du wirst dich geirrt haben", *habuerint* „sie werden gehabt haben", *posuero* „ich werde gelegt haben", *dederimus* „wir werden gegeben haben", *reliqueris* „du wirst verlassen haben"

28

1. Perfekt passiv: PPP + Präsens von *esse*; PlqPf. passiv: PPP + Imperfekt von *esse*; Futur Exakt passiv: PPP + Futur von *esse* **2.** *amatus/-a sum, es, est; amati/-ae sumus, estis, sunt* **3.** *monitus/-a eram, eras, erat; moniti/-ae eramus, eratis, erant* **4.** Perfekt: *ductus/-a sum, captus/-a sum, auditus/-a sum*; PlqPf.: *ductus/-a eram, captus/-a eram, auditus/-a eram;* Futur Exakt: *ductus/-a ero, captus/-a ero, auditus/-a ero*

29

1. *exspectati/-ae erant* **2.** *rogatus/-a es* **3.** *dictum est* **4.** *auditi/-ae eramus* **5.** *ducti/-ae estis* **6.** *amatus/-a ero* **7.** *narratum erat* **8.** *monita est* **9.** *monitus est* **10.** *monitum est* **11.** *laudatus/-a eram*

30

1. es ist gelesen worden = man hat gelesen **2.** er wird gefangen worden sein **3.** sie sind gerufen worden **4.** wir sind erschreckt worden **5.** sie waren besiegt worden **6.** es war vergrößert worden **7.** ihr werdet geführt worden sein **8.** es war getan worden = man hatte getan **9.** er ist gesehen worden **10.** wir sind gelehrt worden **11.** sie werden geschickt worden sein **12.** ich bin gefragt worden **13.** es war gesagt worden **14.** sie waren gefangen worden **15.** du warst gerufen worden **16.** ihr seid betrachtet worden

31

1. sie haben abgehalten – P: *prohibiti sunt* **2.** sie haben getötet – P: *necati sunt* **3.** er/sie hat gezeigt – P: *monstratus/-a est* **4.** ich habe gerufen – P: *vocatus sum* **5.** ich hatte geführt – P: *ductus/-a eram* **6.** er/sie hatte gegeben – P: *datus/-a erat* **7.** ich werde gehört haben – P: *auditus/-a ero* **8.** sie hatten gefangen – P: *capti/-ae erant* **9.** wir haben gesiegt – P: *victi/-ae sumus* **10.** du hast geführt – P: *ductus/-a es*

TEST, Seite 25:

1. *vocaverunt* „sie haben gerufen" **2.** *territi/-ae sumus* „wir sind erschreckt worden" **3.** *rogatus/-a eram* „ich war gefragt worden" **4.** *captus/-a ero* „ich werde gefangen worden sein" **5.** *duxerunt* „sie haben geführt" **6.** *spectatus/-a eras* „du warst betrachtet worden" **7.** *narraverat* „er/sie hatte erzählt" **8.** *amavistis* „ihr habt geliebt" **9.** *lectum* erit „es wird gelesen worden sein" = „man wird gelesen haben" **10.** *auditus/-a es* „du bist gehört worden" **11.** *dormiverat* „er/sie hatte geschlafen" **12.** *docuerunt* „sie haben gelehrt"

SPRICHWÖRTER-MIX (Seite 26)

Non scholae, sed vitae ***discimus*** (Nicht für die Schule, sondern fürs Leben lernen wir); *Usus est magister* ***optimus*** (Übung macht den Meister); *Mens sana in corpore* ***sano*** (Ein gesunder Geist in einem gesunden Körper); *O tempora, o* ***mores*** (O Zeiten, o Sitten); *In dubio pro* ***reo*** (Im Zweifel für den Angeklagten); *Sero venientibus* ***ossa*** (Den zu spät Kommenden die Knochen); *Urbi et* ***orbi*** (Der Stadt und dem Erdkreis); *Ora et* ***labora*** (Bete und arbeite); *Plenus venter non studet* ***libenter*** (Ein voller Bauch studiert nicht gern); *Cave* ***canem*** (Hüte dich vor dem Hund); *Carpe* ***diem*** (Genieße den Tag); *In vino* ***veritas*** (Im Wein liegt die Wahrheit). LÖSUNG: ***Donaldus Anas*** = Donald Duck

Seite 27:

Das Partizip Präsens wandelt nach der konsonantischen Deklination ab.

32

Partizip Präsens: *specanti* (dem Betrachtenden), *cantantium* (der Singenden), *dans* (der/die Gebende / gebend), *imperantis* (des Befehlenden)
Partizip Perfekt: *vocati* (des Gerufenen / die Gerufenen), *spectati* (des Betrachteten / die Betrachteten), *servatam* (die Gerettete), *imperatis* (den Befohlenen)
Partizip Futur: *victuri* (die, die siegen werden), *positura* (die, die legen wird), *facturae* (die, die tun werden / der/die tun wird), *vocaturus* (der, der rufen wird)

33

1. die siegenden Feinde (1./4.F.Pl. P.Präsens) **2.** dem siegenden Feind (3.F.Sg. P.Präsens) **3.** das liebende Mädchen (4.F.Sg. P.Präsens) **4.** das geliebte Mädchen (4.F.Sg. PPP) **5.** des schreienden Knaben (2.F.Sg. P.Präsens) **6.** des gerufenen Knaben (2.F.Sg. PPP); oder: die gerufenen Knaben (1.F.Pl. PPP) **7.** die Knaben, die rufen werden (1.F.Pl. P.Futur); oder: des Knaben, der rufen wird (2.F.Sg. P.Futur) **8.** die fragenden Schüler (4.F.Pl. P.Präsens) **9.** die gefragten Schüler (4.F.Pl. PPP) **10.** die den Buben liebende Mutter (1.F.Sg. P.Präsens) **11.** die von der Mutter geliebten Knaben (1.F.Pl. PPP) **12.** den den Wolf fürchtenden Kindern (3.F.Pl. P.Präsens)

Seite 30:

aktiv: e-Konjugation, konsonantische Konjugation und Mischkonjugation.
passiv: Misch- und konsonantische Konjugation.

34

1. gefangen zu haben **2.** gelesen zu werden **3.** gehört worden zu sein **4.** zu segeln/schiffen

35

agi „getan zu werden“ (Infinitiv P); *egi* „ich habe getan“ (Perfekt 1.P.Sg); *capi* „gefangen zu werden“ (Infinitiv P); *cepi* „ich habe gefangen“ (Perfekt 1.P.Sg.). Verwechslungsgefahr: Infinitiv Präsens P und 1.P.Sg.Perfekt A

36

1. *ornare* **2.** *obtemperavisse* **3.** *discere* **4.** *dici* **5.** *duxisse* **6.** *mittere* **7.** *respondere* **8.** *auditum esse* **9.** *agi* **10.** *stetisse* **11.** *rogatum esse*

37

Präsens A: *expugnare* (zu erobern), *tenere* (zu halten), *monstrare* (zu zeigen)
Präsens P: *poni* (gelegt zu werden), *amari* (geliebt zu werden), *vehi* (geführt zu werden), *peti* (angegriffen zu werden)
Perfekt A: *coluisse* (gepflegt zu haben), *docuisse* (gelehrt zu haben), *traxisse* (gezogen zu haben), *habuisse* (gehabt zu haben)
Perfekt P: *datum esse* (gegeben worden zu sein), *quaesitas esse* (gesucht worden zu sein), *visum esse* (gesehen worden zu sein)
Futur A: *salutaturum esse, visuram esse, inventuros esse*

38

habent „sie haben“ – *habere* „zu haben“
timetur „es wird gefürchtet“ – *timeri* „gefürchtet zu werden“
datum est „es ist gegeben worden“ – *datum esse* „gegeben worden zu sein“
cepimus „wir haben gefangen“ – *cepisse* „gefangen zu haben“

39

1. Wir beschlossen, zum Strand zu laufen. **2.** Wir pflegen den Sommer in Italien zu verbringen. **3.** Manchen Schülern gefällt es nicht, vom Lehrer gelobt zu werden. **4.** Es ist angenehm, von allen geliebt zu werden. **5.** Es reut mich, dich eingeladen zu haben.

Seite 32:

itinere passt nicht, da es kein Infinitiv, sondern ein Ablativ Sg. der konsonantischen Deklination ist.

40

erunt / poterunt: Futur („sie werden sein/können"); *erant / poterant*: Imperfekt („sie waren /konnten"); *fuerunt / potuerunt:* Perfekt („sie sind gewesen"/„sie haben gekonnt"); *fuerant / potuerant:* Plusquamperfekt („sie waren gewesen"/„sie hatten gekonnt")

41

1. wir sind weg gewesen **2.** wir werden beiwohnen **3.** ihr seid **4.** du warst da **5.** sie fehlen **6.** sie hatten beigewohnt **7.** er wird befehligen **8.** er/sie/es hatte genützt **9.** du bist **10.** sie haben gekonnt **11.** er/sie/es kann **12.** er/sie/es nützt **13.** ihr werdet sein **14.** ihr seid gewesen **15.** ihr konntet

Seite 34:

velle wandelt großteils nach der konsonantischen Konjugation ab.

42

1. sie waren zurückgekehrt **2.** er/sie ging zugrunde **3.** ihr gingt hinein **4.** sie werden gehen **5.** du bist hinausgegangen **6.** ich werde hinausgehen **7.** ihr seid gegangen **8.** ich gehe weg **9.** du willst **10.** zu wollen **11.** er wird wollen **12.** ihr wollt **13.** wir gingen **14.** sie hatten gewollt **15.** er ist hineingegangen **16.** er geht hinaus **17.** sie gingen hin

Seite 35:

ferre wandelt großteils nach der konsonantischen Konjugation ab; teilweise fehlt im Präsens aber der Bindevokal.

43

1. sie tragen **2.** sie werden getragen werden **3.** du trägst hin **4.** es wird hingetragen (= man trägt hin) **5.** du hast getragen **6.** er hatte weggenommen **7.** wir unterscheiden uns **8.** er/sie/es wird weggenommen **9.** wir werden berichten **10.** sie tragen hin **11.** ich habe vorgezogen **12.** die Botschaft ist überbracht worden **13.** sie haben uns Hilfe gebracht **14.** hingetragen zu werden **15.** überbracht worden zu sein

44

vis – vultis; tuli – tulimus; potero – poterimus; it – eunt; fertur – feruntur

45

1. R **2.** R **3.** F **4.** F **5.** F **6.** F **7.** R **8.** R.
a) Jahreszahl: 44 v. Chr.
b) An den Iden dieses Jahres wurde C.Julius Cäsar ermordet.

46

Futur: *Veniam, videbo, vincam.*
Präsens: *Venio, video, vinco.*
Imperfekt: *Veniebam, videbam, vincebam.*
PlqPf.: *Veneram, videram, viceram.*

47

1. *origo* (keine 1.P.Sg. Präsens, sondern Substantiv 1.F.Sg. = „der Ursprung") **2.** *ego* (keine 1.P.Sg. Präsens, sondern = „ich") **3.** *viris* (keine 2.P.Pl., sondern 3./(6.)F.Pl. = „den Männern")

TEST, Seite 37:

1. ich werde sagen **2.** ihr werdet geführt werden **3.** sie hatten geschrieben **4.** vergrößert **5.** sie sind gefallen **6.** ich habe gesiegt **7.** besiegt zu werden **8.** weichend **9.** du hast getragen **10.** ich werde gekonnt haben **11.** sie werden sein **12.** sie werden sich bemühen **13.** es war geschrieben worden (= man hatte geschrieben) **14.** sie werden tun **15.** es war getan worden **16.** du wirst gesehen; du scheinst **17.** ihr werdet geschickt **18.** ihr hobt auf **19.** du willst **20.** wir werden bedauern **21.** höre! **22.** gefangen zu haben **23.** berührt worden zu sein **24.** lauft!

DAS LEDER IST RUND! (Seite 39)

custos portae (Nr. 3, Tormann); ***porta*** (Nr. 2, Tor); ***exercitor lusorum*** (Nr. 9, Trainer); ***defensores*** (Nr. 4, Verteidiger); ***oppugnatores*** (Nr. 6, Stürmer); ***lusores medii*** (Nr. 5, Mittelfeldspieler); ***lusores suppositicii*** (Nr. 7, Ersatzspieler); ***arbiter*** (Nr. 10, Schiedsrichter); ***iudices lineares*** (Nr. 12, Linienrichter); ***chartula flava / rubra*** (Nr. 11, gelbe / rote Karte); ***spectatores / fautores fanatici*** (Nr. 1, Zuschauer / Fans); ***cervisia*** (Nr. 8, Bier).

DIE SUBSTANTIVA

48

1. 6.F.Sg. **2.** 4.F.Sg. **3.** 1.F.Sg. **4.** 1.F.Pl. **5.** 4.F.Pl. **6.** 3.F.Pl. **7.** 4.F.Sg. **8.** 3.F.Sg. **9.** 2.F.Sg. **10.** 2.F.Pl. **11.** 5.F.Sg. **12.** 6.F.Sg.

Seite 43:

Ein lateinisches Substantiv hat keinen Artikel.
Der Fall ist nur an der Endung zu erkennen.

49

Deklination von *verbum*:
Sg. *verbum, verbi, verbo, verbum, verbo*
Pl. *verba, verborum, verbis, verba, verbis*

Seite 45:

1. im Ablativ **2.** im Dativ und Ablativ Plural (*amicis*)

Seite 45 unten:

Unterschied zwischen *puer* und *magister*: *puer* behält das e in allen Kasus.

50

1. 2.F.Sg.n. des Tempels **2.** 2.F.Sg.m. des Bewohners, 3.F.Sg. dem Bewohner, 1.F.Pl. die Bewohner, 5.F.Pl. Bewohner! **3.** 1./4.F.Pl.n. die Befehle **4.** 1.F.Sg.m. der Bauer (6.F.Sg. *ab/cum* etc. *agricola*) **5.** 3.F.Sg.n. dem Gebäude, 6.F.Sg. durch das Gebäude **6.** 2.F.Pl.f. der Länder **7.** 3.F.Pl. den Völkern **8.** 4.F.Sg.m. den Sohn **9.** 1.F.Sg.n. der Tempel, 4.F.Sg. den Tempel **10.** 2./3.F.Sg.f. der Göttin, 1.F.Pl. die Göttinnen, 5.F.Pl. Göttinnen! **11.** 4.F.Pl.m. die Völker **12.** 1./4.F.Pl.n. die Waffen **13.** 2.F.Sg.m. des Mannes, 1.F.Pl.m. die Männer **14.** 2.F.Pl.m. der Söhne **15.** 1.F.Sg.m. der Mann **16.** 1.F.Sg.f. der Ruhm, 6.F.Sg. durch den Ruhm **17.** 3.F.Sg.n. dem Rat, 6.F.Sg.n. durch den Rat **18.** 4.F.Sg.f. die Heimat **19.** 5.F.Sg.m. Sklave! **20.** 4.F.Pl.f. die Siege **21.** 6.F.Sg.f. in Italien **22.** 3.F.Pl.f. den Provinzen, 6.F.Pl. durch die Provinzen **23.** 2.F.Pl.f. der Göttinnen **24.** 4.F.Pl.f. den Reichtum **25.** 4.F.Sg.f. den Ruhm **26.** 2.F.Pl.f. der Buchstaben **27.** 2.F.Sg.m. des Seemanns, 3.F.Sg. dem Seemann, 1.F.Pl. die Seemänner, 5.F.Pl. Seemänner! **28.** 1.F.Sg. die Sorge, 6.F.Sg.f. durch die Sorge **29.** 4.F.Sg.f. zur Göttin

Seite 46:

agricola nur 1.F.Sg, *filiis* nur 3.F.Pl.

51

1. *bella* 1./4.F.Pl. **2.** *annorum* 2.F.Pl., *annus* 1.F.Sg. **3.** *terrarum* 2.F.Pl., *terris* 3.F.Pl., *terra* 1.F.Sg. **4.** *amici!* 5.F.Pl. **5.** *viri* 1.F.Pl. **6.** *populos* 4.F.Pl. **7.** *curae* 3.F.Sg., *cura* 6.F.Sg. **8.** *deas* 4.F.Pl. **9.** *consilium* 1./4.F.Sg. **10.** *amicae* 1.F.Pl. **11.** *poetae* 3.F.Sg. **12.** *incolam* 4.F.Sg. **13.** *magistri* 1.F.Pl. **14.** *pueri* 2.F.Sg. **15.** *verbis* 3./6.Pl.

Seite 46 unten:

poetis kann nur Dativ sein, da beim Ablativ eine Präposition stehen müsste.

TEST, Seite 47:

1. 3.Sg. *poetae* **2.** 1.Sg. *terra,* 4.Sg. *terram* **3.** 2./3.Sg. *linguae* **4.** 1.Pl. *Romani,* 4.Pl. *Romanos* **5.** 2.Pl. *provinciarum* **6.** 3.Pl. *viris* **7.** 2.Sg. *populi* **8.** 4.Sg. *consilium* **9.** 5.Sg. *serve!* **10.** 6.Sg. *gloria* **11.** 1.Sg. *templum,* 2.Pl. *templorum* **12.** 5.F.Pl. *viri!*

52

1. in allen außer im 2.F.Sg. + Pl. **2.** im Ablativ Sg. **3.** *casus*: 1./2./5.Sg., 1./4./5.Pl.; *res*: 1./5.Sg., 1./4./5.Pl.

53

1. 1.Sg.m. das Heer, 2.Sg. des Heeres, 5.Sg. Heer!, 1./4.Pl. die Heere, 5.Pl. Heere! **2.** 2./3.Sg.f. der Hoffnung **3.** 4.Sg.m. den Senat **4.** 4.Sg.f. die Treue **5.** zu Hause **6.** 2.Sg.n. des Hornes **7.** 3.Pl.m. den Ämtern, 6.P. durch die Ämter **8.** 3.Sg.m. dem Senat **9.** 3.Pl.f. den Iden, 6.Pl.an den Iden **10.** 3.Pl.f. dem Glück, 6.Pl. im Glück **11.** 2.Pl.f. der Häuser **12.** 1.Sg.m. der Tag, 5.Sg. Tag!, 1./4.Pl. die Tage, 5.Pl. Tage! **13.** 6.Sg.m. zu Mittag **14.** 4.Sg.f. die Hand **15.** 6.Sg.m. durch die Furcht **16.** 2./3.Sg. der Sache

54

1. *rebus:* 3./6.Pl. *amicis/puellis/verbis;* **2.** *spem:* 4.F.Sg. *amicum/puellam/verbum;* **3.** *manui:* 3.Sg. *amico/puellae/verbo;* **4.** *dierum:* 2.Pl. *amicorum/puellarum/verborum;* **5.** *senatu:* 6.Sg. *(ab) amico/ (a) puella/ verbo*

TEST, Seite 49:

1. u-Dekl., 6.Sg.m. durch Furcht **2.** o-Dekl.n., 1./4.Pl. die Städte **3.** o-Dekl.m. 4.Pl. die Gefährten **4.** a-Dekl. 2.Pl. der Mädchen **5.** o-Dekl.n. 1./4.Sg. die Gefahr **6.** u-Dekl.f. das Haus **7.** e-Dekl. 2./3.Sg. der Treue **8.** o-Dekl.m. 2.Sg. des Mannes, 1.Pl. die Männer, 5.Pl. Männer! **9.** e-Dekl. 2.Pl. der Sachen **10.** a-Dekl. 4.Pl. die Göttinnen **11.** o-Dekl. 3.Pl. den Kindern **12.** u-Dekl.f. 3.Sg. der Hand

55

lex, legis; aetas, aetatis; flumen, fluminis; scelus, sceleris; pastor, pastoris; origo, originis. Gemeinsamkeit: der Genetiv endet jeweils auf *-is.*

Seite 51:

Die Stämme lauten: *leg-, aetat-, flumin-, sceler-, pastor-, origin-.*

56

Sg. *tempus, temporis, tempori, tempus, tempore*
Pl. *tempora, temporum, temporibus, tempora, temporibus*

57

Sg. *turris, turris, turri, turrim, turri;* Pl. *turres, turrium, turribus, turres, turribus.*
Sg. *mare, maris, mari, mare, mari;* Pl. *maria, marium, maribus, maria, maribus.*

Seite 53:

Unterschiede zur konsonantischen Deklination: 4.F.Sg. *-im* statt *-em*, 6.F.Sg. *-i statt -e*, 2.F.Pl. *-ium* statt *-um*, 1./4.F.Pl. *-ia* statt *-a*.

58

virum „den Mann“, *virium* „der Kräfte“, *vires* „die Kräfte“, *viri* „des Mannes“/„die Männer“(1.Pl.), *viros* „die Männer“(4.Pl.), *viris* „den Männern“, *viribus* „den Kräften“/„mit den Kräften“, *vi* „mit Kraft“, *vir* „der Mann“, *vim* „die Kraft“.
Nicht passt *vix* „kaum“.

59

Sg. *urbs, urbis, urbi, urbem, urbe;* Pl. *urbes, urbium, urbibus, urbes, urbibus.*
Unterschied zur konsonantischen Deklination: 2.F.Pl. *-ium* statt *-um.*

60

regis Romani = des römischen Königs, *urbem antiquam* = die alte Stadt, *fratrum meorum* = meiner Brüder, *origine ignota* = von unbekannter Herkunft, *mari alto* = dem tiefen Meer, *hominibus malis* = den schlechten Menschen, *scelus summum* = das höchste Verbrechen

Einsetzübung Seite 56:

	4.F.Sg.m./f.	6.F.Sg.	1./4.F.Pl.n.	2.F.Pl.
Konsonant. Dekl.	*-em*	*-e*	*-a*	*-um*
Mischdeklination	*-em*	*-e*	—	*-ium*
i-Deklination	*-im*	*-i*	*-ia*	*-ium*

61

1. 1./4.Sg.n., K, der / den Körper **2.** 3.Sg.n., K, dem Verbrechen **3.** 2.Pl.f., M, der Schiffe **4.** 3./6.Pl.f., I, den Kräften / durch die Kräfte **5.** 1./4.Pl.f., I, die Türme **6.** 2.Pl.m., K, der Brüder **7.** 6.Sg.f., K, mit dem Willen **8.** 3./6.Pl.n., K, den Flüssen / durch die Flüsse **9.** 4.Sg.f., K, den Geist **10.** 2.Sg.f., K, des Gesetzes **11.** 1.Sg.f., K, die Grausamkeit **12.** 6.Sg.f., K, in der Burg **13.** 3./6.Sg., I, dem Tier / durch das Tier **14.** 2.Pl.m., M., der Zähne **15.** 1./4.Sg.n., I, das Meer **16.** 2.Sg.f., K, des Ursprungs

62

1. *corpora,* die Körper **2.** *sceleribus,* den Verbrechen **3.** *navis,* des Schiffes 4. *vi* (6.F.), mit Kraft **5.** *turris,* der Turm / *turrim,* den Turm **6.** *fratris,* des Bruders **7.** *voluntatibus,* durch die Vergnügungen **8.** *flumine,* durch den Fluss **9.** *mentes,* die Gemüter **10.** *legum,* der Gesetze **11.** *crudelitates,* die Grausamkeiten **12.** *in arcibus,* in den Burgen **13.** *animalibus,* den Tieren / durch die Tiere **14.** *dentis,* des Zahnes **15.** *maria,* die Meere **16.** *originum,* der Ursprünge

63

-i: 2.Sg. / 1.Pl. o-Deklination, 3.Sg. konsonantische Deklination
-is: 3. / 6.Pl. o-Deklination, 2.Sg. konsonantische Deklination

64

amicus,amici m. o-Deklination; *senatus,senatus* m. u-Dekl.; *scelus,sceleris* n. konsonantische Dekl.; *salus,salutis* f. konsonantische Dekl.

65

1. 6.Sg., im Zeitalter **2.** 5.Sg., o Sklave **3.** 6.Sg., zu Mittag **4.** a) 6.Sg., durch das Gesetz, b) Imperativ Sg. von *legere*, lies! **5.** Imperativ Sg., lehre! **6.** 6.Sg., mit dem Führer **7.** Imperativ Pl., singt! **8.** oft (Adverb) **9.** 1./4.Sg., das Meer

66

1. 1./4.Pl. die Kräfte **2.** 1./4.Sg. das Wort **3.** 4.Sg. den Herrn **4.** 2.Pl. der Verbrechen **5.** 2.Sg. des Sklaven / 1. Pl. die Sklaven **6.** 3.Sg. der Stadt **7.** 3.Sg. dem Gesetz **8.** 2.Sg. des Gefährten / 1.Pl. die Gefährten **9.** 2.Pl. der Könige **10.** 1./4 Sg. die Herrschaft **11.** 1./4.Pl. die Waffen **12.** 1.Sg. das Glück / 6.Sg. durch das Glück **13.** 1.Sg. der Dichter **14.** 2./3.Sg. der Hoffnung **15.** 3.Sg. dem Werk **16.** 1.Sg. das Haus / 2.Sg. des Hauses / 1.Pl. die Häuser **17.** 1.Sg. die Gesundheit **18.** 1.Sg. die Sache / 1./4. Pl. die Sachen **19.** 6.Sg. am Tag **20.** 2.Pl. der Heere **21.** 5.Sg. o Freund! **22.** 3.Sg. der Sitte **23.** 3.Sg. dem Tod **24.** 2./3.Sg. der Tochter / 1.Pl. die Töchter / 5.Pl. o Töchter!

67 (D. = Deklination)

1. kons.D., f. **2.** e-D., f. **3.** u-D., m. **4.** o-D., n. **5.** Misch-D., f. **6.** kons.D., n. **7.** kons.D., m. **8.** kons.D., f. **9.** kons.D., f. **10.** o-Dekl., n. **11.** i-D., f. **12.** i-D., n. **13.** a-D., m. **14.** u-D., f. **15.** e-D., f. **16.** kons.D., n. **17.** i-D., n. **18.** Misch-D., f. **19.** kons.D., f. **20.** a-D., f.

TEST, Seite 59:

1. der Bücher **2.** dem Hirten **3.** des Wortes **4.** durch die Sitten **5.** durch die Arbeit **6.** den Knaben **7.** der Hirten **8.** der Sache **9.** dem Fall **10.** die Arbeiten **11.** die Hirten **12.** die Tage **13.** dem Buch **14.** zu Hause **15.** die Mütter **16.** der Liebe **17.** nach Hause **18.** die Kinder **19.** der Könige **20.** durch die Liebe

68

1. der Kinder = *liberorum* **2.** die Hirten = *pastores* **3.** die Wörter = *verba* **4.** die Krankheit = *morbus* **5.** arbeite! = *labora!* **6.** der Knabe = *puer* **7.** den Hirten = *pastorem / pastoribus* **8.** die Sachen = *res* **9.** der Fälle = *casuum* **10.** du arbeitest = *laboras* **11.** dem Hirten = *pastori* **12.** die Götter = *di / deos* **13.** ich befreie = *libero* **14.** dem Haus = *domui* **15.** der Mutter = *matris* **16.** du wirst geliebt = *amaris* **17.** der Häuser = *domuum (domorum)* **18.** die Bücher = *libri / libros* **19.** das Königsreich = *regnum* **20.** zu lieben = *amare*

69

1. *um**b**ris* **2.** *lege**r**e* **3.** *voc**a**s* **4.** ***v**iribus* **5.** *libr**o**s* (Lösung: Bravo!)

ERRARE HUMANUM EST (Seite 61)

1. (Fehler: *Idibus* = an den Iden!) Cäsar wurde an den Iden des März getötet. **2.** (*Nonis* = an den Nonen!) Sie kehrten an den Nonen des September in die Stadt zurück. **3.** (*ordo senatorius* = der Senatorenstand!) Auch Männer des Senatorenstandes sieht man dort. **4.** (*pericula augere* = die Gefahren vermehren!) Andere vermehrten durch Unbesonnenheit die wahren Gefahren. **5.** (*Neapoli* = in Neapel!) Sobald die Matrosen in Neapel die Schiffe seeklar gemacht hatten, segelten sie ab.

DIE ADJEKTIVA

70

	Singular			Plural		
	m.	f.	n.	m.	f.	n.
1.F.	*bonus*	*bona*	*bonum*	*boni*	*bonae*	*bona*
2.F.	*boni*	*bonae*	*boni*	*bonorum*	*bonarum*	*bonorum*
3.F.	*bono*	*bonae*	*bono*	*bonis*	*bonis*	*bonis*
4.F.	*bonum*	*bonam*	*bonum*	*bonos*	*bonas*	*bona*
5.F.	*bone*	*bona*	*bonum*	*boni*	*bonae*	*bona*
6.F.	*bono*	*bona*	*bono*	*bonis*	*bonis*	*bonis*

71

fabulas pulchras: die schönen Geschichten; *aedificia nova:* die neuen Gebäude; *templi sacri:* des heiligen Tempels; *fluviorum latorum:* der breiten Flüsse; *in oppido antiquo:* in der alten Stadt; *bonae dominae:* der guten Herrin; *liberos bonos:* die guten Kinder; *amice care:* teurer Freund!; *magistris bonis:* den guten Lehrern; *filia cara:* die teure Tochter / teure Tochter!; *librum clarum:* das berühmte Buch; *in vicis parvis:* in den kleinen Dörfern; *cenae bonae:* der guten Mahlzeit; *viri Romani:* des römischen Mannes / die römischen Männer; *templum antiquum:* der alte Tempel / den alten Tempel

72

1. jener Buchstabe **2.** in die entferntesten Länder **3.** in unserem Land **4.** jener Reichtum **5.** den berühmten Dichter **6.** viele Geschichten **7.** der schönen Tempel **8.** die neuen Gebäude **9.** des heiligen Tempels **10.** die größten Flüsse **11.** wenige Städte **12.** der guten Herrin / die guten Herrinnen **13.** zwei Freigelassene **14.** vieler Kinder **15.** vieler Bücher **16.** der großen Stadt **17.** vielen Männern **18.** den großen Sorgen / durch die großen Sorgen

73

1. *vir clarus* **2.** *aedificii alti* **3.** *multae insulae / multas insulas* **4.** *in multis agris* **5.** *villae pulchrae* **6.** *amicorum bonorum* **7.** *amicae bonae* **8.** *deum Romanum* **9.** *dea Romana* **10.** *pauci populi / paucos populos* **11.** *cena bona* **12.** *viro Graeco*

Seite 65:

Der Akkusativ der i-Deklination endet auf – *im*.

74

	Singular			Plural		
	m.	f.	n.	m.	f.	n.
1./5.F.	*omnis*	*omnis*	*omne*	*omnes*	*omnes*	*omnia*
2.F.	*omnis*	*omnis*	*omnis*	*omnium*	*omnium*	*omnium*
3.F.	*omni*	*omni*	*omni*	*omnibus*	*omnibus*	*omnibus*
4.F.	*omnem*	*omnem*	*omne*	*omnes*	*omnes*	*omnia*
6.F.	*omni*	*omni*	*omni*	*omnibus*	*omnibus*	*omnibus*

75

Der Stamm lautet *felic-, fort-, celer-*

76

6.F.Sg. *omni, vetere*; 1./4. Pl. *omnia, vetera*; 2.Pl. *omnium, veterum*

77

Nominativ Singular		Ablativ Singular	Genetiv Plural
mos (K)	vetus (K)	more vetere	morum veterum
urbs (M)	dives (K)	urbe divite	urbium divitum
mare (I)	omne (I)	mari omni	marium omnium
arbor (K)	ingens (I)	arbore ingenti	arborum ingentium
scelus (K)	crudele (I)	scelere crudeli	scelerum crudelium
origo (K)	vetus (K)	origine vetere	originum veterum
homo (K)	fortis (I)	homine forti	hominum fortium

78

Sg. *amicus omnis, amici omnis, amico omni, amicum omnem, (ab) amico omni*
Pl. *amici omnes, amicorum omnium, amicis omnibus, amicos omnes, (ab) amicis omnibus*

Sg. *rex bonus, regis boni, regi bono, regem bonum, (a) rege bono*
Pl. *reges boni, regum bonorum, regibus bonis, reges bonos, (a) regibus bonis*

Sg. *vir dives, viri divitis, viro diviti, virum divitem, (a) viro divite*
Pl. *viri divites, virorum divitum, viris divitibus, viros divites, (a) viris divitibus*

79

1. *exercitum Romanum*, das römische Heer **2.** *diem proximum*, den nächsten Tag **3.** *fide simili*, von ähnlicher Treue **4.** *rerum publicarum*, der Staaten **5.** *urbs antiqua*, die alte Stadt **6.** *templi veteris*, des alten Tempels **7.** *domui nostrae*, unserem Haus **8.** *in senatu Romano*, im römischen Senat **9.** *manus mea*, meine Hand; *manus meae*, meiner Hand; *manus meae*, meine Hände; *manus meas*, meine Hände **10.** *spei summae*, der höchsten Hoffnung **11.** *voce magna*, mit lauter Stimme **12.** *viro nobili*, dem vornehmen Mann

80

filii magni, domum magnam, scelus magnum, vir magnus, vires magnas, poetarum magnorum; domus similis, templum simile, fratres similes, opinionem similem, casuum similium, re simili.

81

1. *constanti:* 3./6. Sg.m./f./n. **2.** *veteri:* 3.Sg.m./.f./n. **3.** *bono:* 3./6.Sg.m./n. **4.** *simile:* 1./4.Sg.n. **5.** *vetere:* 6.Sg.m./.f./n. **6.** *gravibus:* 3./6.Pl.m./f./.n. **7.** *facilis:* 1.Sg.m./f., 2.Sg.m./f./.n. **8.** *novis:* 3./6.Pl.m./f./n. **9.** *longum:* 1./4.Sg.n., 4.Sg.m. **10.** *crudelium:* 2.Pl.m./f./n. **11.** *pulchra:* 1./6.Sg.f., 1./4.Pl.n.

82

1. *aedificia publica* = die öffentlichen Gebäude **2.** *amicos laetos* = die fröhlichen Freunde **3.** *metus magnus* = die große Furcht **4.** *dies pulcher* = der schöne Tag **5.** *a deo irato* = vom erzürnten Gott **6.** *per viam sacram* = über die heilige Straße **7.** *in rebus publicis* = in den Staaten **8.** *templum clarum* der berühmte Tempel / den berühmten Tempel **9.** *magistratuum Romanorum* = der römischen Beamten

83

1. *veterem* **2.** *pulchra* **3.** *liber* **4.** *facilis* (Lösung: Mars)

Seite 69:

malum = das Schlechte, *crudeles* = die Grausamen, *divites* = die Reichen

84

1. Alles, was du gesagt hast, ist wahr.
2. Das Schöne erfreut uns immer.

TEST, Seite 70:

1. die schönen Tempel **2.** vieler Sklaven **3.** den Staaten / durch die Staaten **4.** des berühmten Liedes **5.** des schönen Hauses / die schönen Häuser **6.** des kranken Bruders **7.** alle Mädchen **8.** den tapferen Männern **9.** den höchsten Kräften / mit höchsten Kräften **10.** dem heftigen Fieber / durch heftiges Fieber **11.** das tiefe Meer **12.** die alten Bauern **13.** das grausame Verbrechen **14.** dem neuen Haus **15.** der höchsten Beamten **16.** mit der lieben Mutter **17.** der große Körper / den großen Körper **18.** mit höchster Tapferkeit

85

	Singular		Plural	
	m. + f.	n.	m. + f.	n.
1./5.F.	*carior*	*carius*	*cariores*	*cariora*
2.F.	*carioris*	*carioris*	*cariorum*	*cariorum*
3.F.	*cariori*	*cariori*	*carioribus*	*carioribus*
4.F.	*cariorem*	*carius*	*cariores*	*cariora*
6.F.	*cariore*	*cariore*	*carioribus*	*carioribus*

86

1. dem vornehmeren (ziemlich vornehmen) Führer **2.** *milites fortiores*: die tapfereren (ziemlich tapferen) Soldaten **3.** *in via longiore:* auf dem längeren (ziemlich langen) Weg **4.** *laboribus difficilioribus:* den / durch die schwierigeren (ziemlich schwierigen) Mühen **5.** *aedificium pulchrius*: das schönere (ziemlich schöne) Gebäude

87

1. durch das schwere (sehr schwere) Fieber **2.** *militum crudelissimorum*: der grausamsten (sehr grausamen) Soldaten **3.** *uxorem pulcherrimam*: die schönste (sehr schöne) Frau **4.** *domum antiquissimam:* das älteste (sehr alte) Haus **5.** *fratribus simillimis:* den ähnlichsten (sehr ähnlichen) Brüdern **6.** *iter longissimum:* der längste (sehr lange) Weg / den längsten (sehr langen) Weg **7.** *urbs celeberrima*: die berühmteste (sehr berühmte) Stadt **8.** *laboris difficillimi*: der schwierigsten (sehr schwierigen) Arbeit

88

2. = Schwarzseher, von *pessimus 3* „der Schlechteste" **3.** = sehr (groß), von *maximus 3* „der Größte"
4. = geringste Menge, von *minimus 3* „der Kleinste" **5.** = Mehrzahl, von *plures, plura* „mehr"
6. = weniger, von *minor, minus* „kleiner" **7.** Offizier, von *maior, maius* „mehr"

89

Grundstufe: *varius, nobile, gravis, facilem, similibus, magnos, feliciorem.*
Komparativ: *melius, plus, maiora, minoris, peiorem.*
Superlativ: *maximam, rarissimus, simillimus, plurimos, minimo, optima.*

90

2. *domus minor/minoris/minores* **4.** *puella pulchrior/pulchriore* **5.** *arte maxima* **7.** *sceleris pessimi* **8.** *filius peior* **9.** *servi melioris/meliores* **11.** *morum optimorum*

91

Reihenfolge der einzusetzenden Wörter: *clarior – prioribus – plura – maximo – pulcherrimis.*

Übersetzung: Rom war vor 2000 Jahren berühmter als alle übrigen Städte. Obwohl in früheren Zeiten manchmal andere Völker wie die Gallier die Stadt belagert hatten, war Rom nach ziemlich vielen Kriegen die Hauptstadt der ganzen Welt. Im Zeitalter Neros wurden einige Teile der Stadt durch einen sehr großen Brand zerstört, aber wenig später wurde die Stadt vom Kaiser mit sehr schönen Straßen, Gärten und Tempeln geschmückt.

TEST, Seite 75:

2. *peior/pessimus:* die schlechtere / schlechteste Sitte **3.** *clarius/clarissimum*: das berühmtere / berühmteste Geschlecht **4.** *maior/maxima*: die größere / größte Tugend **5.** *pluribus/plurimis*: mehr / den meisten Völkern **6.** *meliorem/optimum*: den besseren / besten Freund **7.** *maioris/maximae*: der größeren/größten Hoffnung **8.** *miserior/miserrima*: das ärmere / ärmste Volk **9.** *iustiore/iustissimo*: vom gerechteren / gerechtesten Mann

92

1. *bone* 2. Das Adverb im Komparativ kann mit dem 1./4.Sg.n. des Komparativs verwechselt werden.

93

1. *egregie*; Die Trojaner verteidigten die Stadt 10 Jahre hervorragend **2.** *egregii*; Die Griechen waren immer hervorragende Gastgeber **3.** *bene*; Die Stadt war hervorragend befestigt **4.** *iuste*; Die Römer pflegten nach ihrer Meinung die anderen Völker gerecht zu behandeln **5.** *iustos*; Die Römer hielten sich für gerechte Herrn **6.** *diligenter*; Julia lernt die Vokabeln fleißig **7.** *diligentes*; Julia und Claudia sind fleißige Mädchen **8.** *optime*; Der Circus Maximus konnte vom Palatin sehr gut gesehen werden **9.** *graviter*; Viele Soldaten sind im Kampf schwer verletzt worden; oder: *gravi*: Viele Soldaten sind im heftigen Kampf verwundet worden **10.** *horride*: Nach der Meinung vieler Gallier singt Cantorix (= Troubadix) schrecklich **11.** Mein Freund, der Felix heißt, ist glücklich (*felix*) und lebt glücklich (*feliciter*)

94

1. *melius* **2.** *similiter* **3.** *pessime* **4.** *recte* **5.** *bene* **6.** *male* **7.** *brevius* **8.** *peius* **9.** *minus* **10.** *fortius* **11.** *celerius* **12.** *certe* **13.** *constantissime* **14.** *misere* **15.** *vehementius* **16.** *pulchre* **17.** *pulcherrime* **18.** *iustissime*

TEST, Seite 78:

misere – miserius – miserrime; fortiter – fortius – fortissime; beate – beatius – beatissime; constanter – constantius – constantissime; celeriter – celerius – celerrime; male – peius – pessime

DIE PRONOMINA

95

1. *ulli*: irgendeinem Mann **2.** *unius*: eines Knaben **3.** *alterius*: des anderen Bruders **4.** *nulli*: keinem Menschen **5.** *solius*: des Mädchens alleine; *soli*: dem Mädchen alleine **6.** *uni*: dem einen Freund; *(ab) uno*: von einem Freund **7.** *totius*: der ganzen Stadt

96

1. *Quis*: Wer fürchtet den bösen Wolf? **2.** *Cui*: Wem ist Jupiter unbekannt? **3.** *Quid*: Was pflegten die Römer den Göttern zu opfern? **4.** *Quocum*: Mit wem bist du gestern so lange im Wald spazieren gegangen? **5.** *Quem*: Wen wirst du morgen besuchen? **6.** *A quo*: Von wem sind die Römer besiegt worden?

97

1. *Quos*: Welche Götter pflegten die Römer zu verehren? **2.** *Quibus*: Welchen Göttern und Göttinnen pflegten die Römer zu opfern? **3.** *Quem*: Welchen Gott hielten die Römer für den höchsten? **4.** *Quae*: Welche Göttin war die Mutter des Äneas? **5.** *Quo*: In welchem Jahr bist du geboren? **6.** *Quod*: Welcher Tempel war in Rom der größte? **7.** *Cui*: Welchem Freund hast du neulich einen Brief geschrieben? **8.** *Quam*: Welche Stadt hat Romulus gegründet? **9.** *Qua*: Durch welche Sache wirst du am meisten erfreut?

98

1. Welche (*quos*) Götter haben die Römer am meisten verehrt? **2.** In welchem (*quo*) Jahr ist Rom gegründet worden? **3.** In welcher (*quibus*) Gegend habt ihr den Sommer verbracht? **4.** Welchem (*cui*) Mädchen pflegst du Briefe zu schreiben? **5.** In welche (*quam*) Stadt werdet ihr im Sommer reisen? **6.** Welches (*quem*) Buch hast du kürzlich gelesen? **7.** Welche (*quas*) Freundinnen habt ihr eingeladen? **8.** Welche (*quae*) Gebäude haben dir in Rom am meisten gefallen? **9.** Wegen welcher (*quam*) Sache habt ihr uns nicht besucht? **10.** Wer (*cui* – Dativ des Besitzers!) hat Angst vor dem Wolf?

HIER WIRD NACH GÖTTERN GEFRAGT **(Seite 84)**

Fragepronomina: **1.** *quis* **2.** *cui* **3.** *qui* **4.** *cui* **5.** *quam* **6.** *cuius* **7.** *quem* **8.** *quem*

1				I	U	P	P	I	T	E	R	
2			I	U	N	O	N	I				
3	M	A	R	S								
4	P	L	U	T	O	N	I					
5			M	I	N	E	R	V	A	M		
6	N	E	P	T	U	N	I					
7			D	I	A	N	A	M				
8				A	P	O	L	L	I	N	E	M

Lösung: *Iustitia* (Göttin der Gerechtigkeit)

99

Formen von *qui/quae/quod* siehe Buch Seite 82.

Seite 86:

1. Fragepronomen: z.B. *Welcher* Hund hat dich gebissen?
2. Relativpronomen: z. B. Der Hund, *welcher* mich gebissen hat, liegt nun an der Kette.

Seite 86 unten:

Das Relativpronomen richtet sich in Geschlecht und Zahl nach dem **Bezugswort** im übergeordneten Satz, im Fall danach, wie man **nach dem Relativpronomen fragt**.

100

1. Die Stadt Rom, die wir im letzten Sommer besucht haben, hat mir sehr gefallen. **2.** Der Freund, dem ich neulich das Buch gegeben habe, hat es noch nicht zurückgegeben. **3.** Der Bauer eilt in sein

Landhaus, das unserem benachbart ist. **4.** Das Land, das der Lehrer an der Tafel zeigt, ist Germanien. **5.** Die Festtage, an denen uns die griechischen Freunde besuchen werden, nähern sich schon. **6.** Ich werde den Sommer bei Freunden verbringen, die ein Landhaus nahe bei Rom (gelegen) haben. **7.** In jener Stadt, die durch einen Brand zerstört wurde, blieb kein Haus unversehrt. **8.** Die Gallier, deren Land die Germanen zu besetzen versuchten, schickten Gesandte zu den Römern. **9.** Der Bub, dem ich neulich eine Ohrfeige gegeben habe, ist dennoch noch immer mein Freund.

101

1. Das Mädchen, das (*quam*) du gestern kennengelernt hast, ist meine Freundin. **2.** Markus, bei dem (*quem*) ich im Sommer zu sein pflege, hat viele Bände des lateinischen Asterix, die (*quos*) auch ich gerne lese. **3.** Die Rosen, die (*quas*) ich Mutter am Muttertag geschenkt habe, habe ich aus unserem Garten gestohlen. Deshalb war sie sehr böse. **4.** Die Bewohner jener Stadt, in der (*qua*) der Brand ausgebrochen ist, suchten ihr Heil in der Flucht. **5.** Ich habe vor, morgen den Großvater, der (*cui* – Dat. des Besitzers!) ein großes Grunstück an der Donau hat, zu besuchen. **6.** Den Eltern, deren (*quorum*) Kinder in der Schule nicht aufmerksam sind, wird vom Lehrer befohlen, in die Schule zu kommen. **7.** Auf dem Forum, das (*quod*) in unserem Jahrhundert noch immer oft besucht wird, waren einst prächtige Tempel und andere schöne Gebäude. **8.** Der Dichter Homer, dessen (*cuius*) Verse einst alle Schüler auswendig lernen mussten, war ein hochberühmter griechischer Dichter. **9.** Die alten Römer verehrten viele Götter und Göttinnen, denen (*quibus*) sie an den Festtagen opferten. **10.** Ich werde oft an Julia denken, die (*quae*) mich so süß geküsst hat.

102

1. *Theseus, qui auxilio Ariadnae Minotaurum necaverat, eam in insula reliquit.* **2.** *Romani Via Appia, quam Appius quidam aedificaverat, Roma Brundisium migrare solebant.* **3.** *Legiones, quas Caesar in Galliam ducebat, ibi complures annos manebant.* **4.** *Senatores in Curia convenerunt, quae hodie quoque visitari potest.* **5.** *Romanis anseres, quibus a Gallis servati sunt, sacri erant.* **6.** *Discipulus, quem magister laudat, gaudet.* **7.** *Liber, quem mihi dedisti, mihi non placet.* **8.** *Iulia, cuius amicae in Italiam migraverunt, sola domi manere debet.* **9.** *Marcus, cuius parentes etiam in Italia sunt, ea re valde gaudet, quod domi cottidie convivium agere potest.* **10.** *Te ad cenam invito, quam ipse confeci. Venisne tamen?*

103

1. Wer das sagt, irrt (sich). **2.** Wer schweigt, scheint zuzustimmen. **3.** Was dem Jupiter erlaubt ist, ist dem Rindvieh nicht erlaubt. **4.** Wer ein gutes Gedächtnis hat, kann viele Sachen zugleich im Gedächtnis behalten.

104

1. Theseus hatte den Minotaurus mit Hilfe der Ariadne getötet. Dennoch dankte er ihr (*cui*) nicht, sondern ließ sie alleine auf einer Insel zurück. **2.** Die Römer hatten viele (und) verschiedene Götter. Diese (*quos*) pflegten sie mit höchster Frömmigkeit zu verehren. **3.** Romulus und Remus wurden als Säuglinge ausgesetzt. Sie (*qui*) wurden dennoch mit Hilfe der Götter gerettet. **4.** Nachdem Hannibal die Alpen überschritten hatte, gelangte er ins diesseitige Gallien. Die Römer erwarteten ihn (*quem*) dort nicht. **5.** Äneas soll der Ahnherr des römischen Volkes gewesen sein. Seine (*cuius*) Taten feierte der Dichter Vergil in einem sehr berühmten Gedicht. **6.** Einst belagerten die Gallier das Kapitol. Ihren (*quorum*) Angriff konnten die Römer mit Hilfe der Gänse, die die schlafenden Wächter aufweckten, zurückschlagen. **7.** Kaiser Nero soll Rom in Brand gesteckt haben. Durch diesen (*quo*) Brand ist der Großteil der Stadt zerstört worden. **8.** Der Feldherr Titus besiegte die Juden. Ihm (*cui*) wurde später auf dem Forum Romanum ein Triumphbogen errichtet. **9.** Orpheus war ein hochberühmter Sänger. Durch seine (*cuius*) Lieder wurden sogar wilde Tiere gezähmt. **10.** Die Trojaner wurden von den Griechen besiegt. Aus diesem (*qua*) Grund verließen sie die zerstörte Stadt.

TEST, Seite 91:
(F = Fragepronomen, RP = Relativpronomen, RA = relativer Anschluß)

1. *Welche* Stadt wurde von Cäsar erobert? (F) **2.** Die Stadt, *die* von Cäsar erobert wurde, lag auf einem Hügel. (RP) **3.** Die Stadt liegt auf einem Hügel. *Sie* wurde von Cäsar mit großer Gewalt (= gewaltsam) erobert. (RA) **4.** Ich freue mich, *dass* du mir einen Brief geschrieben hast. (*quod* = Bindewort!) **5.** M. Tullius Cicero wurde von seinen Bürgern Vater des Vaterlandes genannt. Durch *seine* Umsicht wurden die Römer vor dem Verschwörer Catilina gerettet. (RA) **6.** Auf *welcher* Straße pflegten die siegreichen Feldherrn die

Gefangenen und die Beute durch die Stadt zu führen?(F) – Auf der Straße, *die* die Römer Via Sacra nannten. (RP) **7.** *Welcher* Göttin war der runde Tempel auf dem Forum geweiht? (F) **8.** Was haben die griechischen Freunde, *die* Gaius durch Rom führte, auf dem Forum gesehen? (RP) **9.** Der Senat pflegte in der Curia zusammenzukommen. *Dieses* Gebäude kann auch in unseren Zeiten (= heutzutage) noch besichtigt werden. (RP) **10.** *Welche* Insel wurde von den Römern als erste zur Provinz (= zur ersten Provinz) gemacht? (F) **11.** Der Monat März hat den Namen vom römischen Kriegsgott Mars. *Dieser* galt als Vater von Romulus und Remus. (RP) **12.** Während wir durch den Wald spaziert sind, ist unser Hund davongelaufen (eigtl.: geflohen). *Er* kam einige Stunden später nach Hause. (RA) **13.** Während wir durch den Wald spaziert sind, ist unser Hund, *der* schon acht Jahre alt war, davongelaufen. (RP) **14.** *Welcher* Hund ist davongelaufen? (F)

Seite 93:

Genetiv -ius, Dativ -i

105

puellam: *hanc/illam/ipsam/eandem;* ***puerorum:*** *horum/illorum/ipsorum/eorundem;* ***aedificia:*** *haec/illa/ipsa/eadem;* ***carmen:*** *hoc/illud/ipsum/idem;* ***legis:*** *huius/illius/ipsius/eiusdem;* ***nomini:*** *huic/illi/ipsi/eidem;* ***aestate:*** *hac/illa/ipsa/eadem;* ***virum:*** *hunc/illum/ipsum/eundem;* ***homines:*** *hi/illi/ipsi/iidem; hos/illos/ipsos/eosdem*

106

1. Sg. *id templum, eius templi, ei templo, id templum, eo templo*
Pl. *ea templa, eorum templorum, iis templis, ea templa, iis templis*

2. Sg. *incola ipse, incolae ipsius, incolae ipsi, incolam ipsum, ab incola ipso*
Pl. *incolae ipsi, incolarum ipsorum, incolis ipsis, incolas ipsos, ab incolis ipsis*

3. Sg. *iste homo, istius hominis, isti homini, istum hominem, ab isto homine*
Pl. *isti homines, istorum hominum, istis hominibus, istos homines, ab istis hominibus*

4. Sg. *haec aetas, huius aetatis, huic aetati, hanc aetatem, hac aetate*
Pl. *hae aetates, harum aetatum, his aetatibus, has aetates, his aetatibus*

5. Sg. *idem casus, eiusdem casus, eidem casui, eundem casum, eodem casu*
Pl. *iidem casus, eorundem casuum, iisdem casibus, eosdem casus, iisdem casibus*

107

2. diesem/dieser (3.Fall Sg. m./f.) **3.** *eidem* (3. Sg. m.) **4.** *ipsis* (3. Pl. m./f.) **5.** dadurch (6. Sg. n.) **6.** *hanc/eam/istam* **7.** *istud* (1./4. Sg. n.) **8.** jenes **9.** *ipsos/ipsas* **10.** derselben (2. Pl. m.)

108

1. Markus und Julia wohnen im selben Haus. (*eadem*) **2.** Jener Arzt hat den Vater behandelt. (*ille*) **3.** Die Straßen dieser Stadt sind eng. (*huius*) **4.** Wir haben beschlossen, in diesem Jahr nach Rom zu reisen. (*eo*) **5.** Die spinnen, die Römer. (*isti*) **6.** Der Großvater erzählt immer dasselbe. (*idem*) **7.** Jene Geschichten erfreuen mich. (*illae*) **8.** Das Forum selbst konnten wir nicht besuchen. (*ipsum*)

Rätsel

Marcus und Gaius sind am selben Tag desselben Monats desselben Jahres geboren und haben dieselben Eltern. Dennoch sind sie nicht Zwillinge. Warum? (Es gibt noch Titus; sie sind Drillinge.)

DIE SPINNEN, DIE RÖMER . . . (Seite 95)

1. Druide **2.** Teutates **3.** Hinkelstein **4.** Idefix **5.** *apri* **6.** Troubadix **7.** *canes* **8.** Zaubertrank **9.** Legionäre **10.** Cäsar **11.** Kleopatra **12.** Himmel **13.** Barden **14.** Uderzo **15.** Maiestix **16.** Asterix, der Gallier **17.** Misteln **18.** Aquarium (LÖSUNG: *Delirant, isti Romani*)

109

1. lateinisch: *nos*: 1.F. Pl. wir, 4.F. Pl. uns; *vos* 1.F. Pl. ihr, 4.F. Pl. euch; **deutsch:** *uns* und *euch*: jeweils 3. oder 4. Fall **2.** Weil die Nominative der Personalpronomina in den Endungen der Prädikate enthalten sind.

110

1. *vos* **2.** *vos/vobis* **3.** *mecum* **4.** *tibi* **5.** *a te* **6.** *nobis/nos* **7.** *me* **8.** *nobiscum* **9.** *tui* **10.** *sibi/se* **11.** *a vobis* **12.** *nostri*

111

1. Die Römer waren manchmal in großer Gefahr, aber oft half ihnen Fortuna. **2.** Die (D) Geschichten, die wir in der Schule lateinisch gelesen haben, haben mir sehr gefallen. **3.** Wie hübsch war das Mädchen, das ich gestern in der Stadt gesehen habe! Ich werde immer an es (P) denken. **4.** Obwohl die Römer die meisten Völker an Kriegserfahrung übertroffen haben, waren ihnen (P) die Germanen immer gefährlich. **5.** Die griechischen Freunde erzählten Lucius viel über ihre Heimat. Daher wird Lucius sie (P) in diesem Sommer besuchen. **6.** Den (D) Menschen, die uns oft geholfen haben, danken wir sehr. **7.** Die Flammen des Brandes näherten sich schon der Stadt, aber Plinius fürchtete sie (P) nicht. **8.** Morgen werden uns die Freunde besuchen. Wir werden ihnen (P) die Stadt zeigen. **9.** Ich habe diesem (D) Mädchen, das ich kürzlich kennen gelernt habe, eine Rose geschenkt. **10.** Der Hund kennt mich nicht. Aus diesem (D) Grund (= daher) hat er mich gebissen.

112

1. Der Lehrer lehrt uns. (4.F.) **2.** Morgen werden wir mit euch (6.F.) spazieren gehen. **3.** Claudia hat einen kleinen Hund. Sie liebt ihn (4.F.) sehr. **4.** Claudia hat zwei größere Brüder. Sie kann sie (4.F.) überhaupt nicht leiden (eigtl.: liebt sie keineswegs). **5.** Julia ist mir (3.F.) lieb, aber ich bin ihr (3.F.) nicht lieb. **6.** Wir danken euch (3.F.), weil ihr uns (3.F., im Lateinischen aber *iuvare* + 4.Fall!) geholfen habt. **7.** Wir werden immer an euch (im Lateinischen 2. Fall wegen *memor!*) denken **8.** Wir haben euch (4.F.) schon oft zum Essen eingeladen, aber ihr seid nie gekommen. **9.** Ich (1.F., betont) schlafe gewöhnlich bis Mittag, du (1.F., betont) stehst schon in der Früh auf. **10.** Claudia freut sich: „Markus hat nicht Julia, sondern mich (4.F.) ins Theater eingeladen. Also gehe ich (1.F., betont) mit ihm dorthin!"

TEST, Seite 100:

1. diesem/dieser **2.** diese/sie **3.** uns selbst **4.** durch jene/jenes (n.Pl.) **5.** wen von uns **6.** mit euch **7.** diesem/dieser **8.** dir selbst **9.** unser **10.** denselben **11.** ihr/euch **12.** diesem/diese

113

(Die Pluralvarianten der Personalpronomina stehen neben den Singularversionen in Klammer)

Markus grüßt seine Julia. Ich habe schon lange nichts von dir (*de te* / Pl.: von euch = *de vobis*) gehört. Wie lange hast du mir (*mihi* / Pl.: uns = *nobis*) keinen Brief geschickt! Erinnerst du dich nicht an den letzten Sommer, als wir uns am Strand des Dorfes, wo wir mit den Eltern die Ferien verbracht haben, zum ersten Mal getroffen haben? Als ich dich (*te* / euch: *vos*) gesehen habe, hast du mir (*mihi* / uns = *nobis*) sofort gefallen. Anfangs wagte ich nicht, mit dir (*tecum* / mit euch = *vobiscum*) zu sprechen, aber bereits wenige Stunden später haben wir gemeinsam Eis gegessen. Am Abend sind wir, obwohl uns (*nos*) die Eltern zu Hause erwartet haben, auf den Dorfplatz gegangen und haben mehrere Gläser Wein getrunken. Dann habe ich dir (*tibi* / euch = *vobis*) den ersten Kuss gegeben. Das war sehr schön, obwohl mir wegen des Weines schon schlecht war. Am nächsten Tag musstest du nach Hause reisen. Oft habe ich (bei) mir (*mecum* / bei uns = *nobiscum*) überlegt: „Warum kann ich nicht mit dir (*tecum* / mit euch = *vobiscum*) kommen?" Aber das war mir (*mihi* / euch = *vobis*) nicht erlaubt. Daher habe ich am Abend wieder einige Gläser Wein getrunken. Meine Eltern waren deswegen übrigens sehr böse. Sie sagten: „Was hat dich (*te* / euch = *vos*) dieses Mädchen gelehrt!?" Ich selbst habe das zwar gewusst, aber ich habe ihnen (*iis*) nichts erzählt... Nun bin ich wieder daheim und traurig, dass du weit weg bist. Hast du nicht vor, mich (*me* / uns = *nos*) zu besuchen? Willst du nicht mit mir (*mecum* / mit uns = *nobiscum*) spazieren gehen, das Theater besuchen, in einem Lokal einige Gläser Wein trinken? Halten dich (*te* / euch = *vos*) deine Eltern etwa ab, zu mir (*ad me* / zu uns = *ad nos*) zu kommen? Komm schnell – länger kann ich dich (*te* / euch = *vos*) nicht erwarten! Du sollst wissen: Tag und Nacht denke ich an dich (*tui* / an euch = *vestri*). Wie du siehst, bin ich schon fast wahnsinnig. Dennoch fürchte ich: Du wirst nicht kommen. Also bleibt nichts anderes übrig, als ohne dich (*sine te* / ohne euch = *sine vobis*) ein Lokal aufzusuchen...

114

1. Ich vermisse die Meinen sehr, weil sie schon einen Monat nicht zu Hause sind. **2.** Jedem das Seine (oder: Jedem der Schweine) **3.** All das Meine trage ich mit mir.

Seite 103:

suus 3 wird mit dem „Besitz" wie ein Adjektiv (d.h. in Fall, Zahl und Geschlecht) übereingestimmt.

Seite 103 unten:

von Zahl und Geschlecht des „Besitzers"

115

(Der „Besitzer", zu dem der Pfeil zeigen soll, ist jeweils unterstrichen.)

1. Julius hat die Freunde in sein Haus eingeladen. **2.** Jener griechische Mann ist mit seinen (*suis*) Kindern nach Italien gesegelt. **3.** Wir haben Alexander und seinen Onkel eingeladen, aber vergeblich: Sie blieben in ihrem (*sua*) Landhaus. **4.** Lucius und Julia haben schon viele fremde Länder besucht. Ihr (*eorum*) Großvater hingegen hat die Heimat (noch) nie verlassen. **5.** Wir haben Julia und ihre (*eius*) Mutter begrüßt. **6.** Mein Großvater war ein berühmter Sänger. Immer erzählt man über seinen (*eius*) Ruhm. **7.** Reiche Römer pflegten ihre (*suas*) Landhäuser mit Gold und Silber zu schmücken. **8.** Die Römer errichteten prächtige Landhäuser und schmückten ihre (*earum*) Säulenhallen mit Gold. **9.** Die Römer pflegten ihre (*suas*) Siege in Gedichten zu feiern. **10.** Der Lehrer erzählt über die Römer und ihre (*eorum*) Siege. **11.** Was hast du in der Schule über die Römer und ihren (*eorum*) Staat gelernt? **12.** Gestern habe ich Lucius und seinen (*eius*) Freunden die Stadt gezeigt.

116

1. *Iulia suas amicas exspectat.* **2.** *Marcus amicas suas exspectat.* **3.** *Iulia amicos suos exspectat.* **4.** *Marcus amicos suos exspectat.* **5.** *Magister de Romanis eorumque re publica narrat.* **6.** *Caesar eiusque legati totam Galliam occupaverunt.* **7.** *Romani victorias suas libenter celebrabant.* **8.** *Multi antea vitam rusticam eiusque commoda laudabant.* **9.** *Heri Quinto eiusque amicis urbem monstravi.* **10.** *Claudia vicinum eiusque uxorem invitat.*

117

1. *Mater Iuliam et eius* (= deren) / *suos* (= die eigenen) *amicos exspectat.* **2.** *Claudius Marcum et eius* (= dessen) / *suam* (= die eigene) *amicam invitat.* **3.** *Parentes vicinos et eorum* (= deren) / *suos* (= die eigenen) *liberos invitant.* **4.** *Marcus felem vicini et eius canem vidit.*

DIE PRÄPOSITIONEN

118

1. in Italien **2.** nach Italien **3.** unter dem Baum **4.** unter den Baum

119

1. *e schola* **2.** *contra/adversus hostes* **3.** *prope flumen* **4.** *de arbore* **5.** *praeter me* **6.** *sine nobis* **7.** *pro omnibus/cunctis* **8.** *ante portam* **9.** *ad arborem* **10.** *post te*

120

1. *Ambulamus in silva.* **2.** *In villa sedeo et lego.* **3.** *Pluit et sub arborem properamus.* **4.** *Mox in Italiam migrabitis.* **5.** *In Italia iam saepe aestatem egisti.*

121

1. Ein großer Baum ist hinter unserem Haus. (*est*) **2.** Früher wohnten die Germanen über der Donau. (*habitabant*) **3.** Mein Großvater kam kürzlich aus Italien zurück. (*revenit*) **4.** Julia sucht den Schatten unter dem Baum auf. (*petit*) **5.** Äneas trug den Vater aus der Stadt. (*portavit*) **6.** Die Sklaven arbeiteten im Garten ihres Herrn. (*laboraverunt*) **7.** Markus und Quintus laufen in die Schule. (*currunt*)

122

Die Römer trieben die Frauen in ihre Häuser.

DIE KASUSLEHRE

123

1. der Hass der Feinde *(G. subiectivus)* / gegen die Feinde *(G. obiectivus)* **2.** die Liebe der Eltern *(G. subiectivus)* / zu den Eltern *(G. obiectivus)* **3.** die Sorge des Vaters *(G. subiectivus)* / um den Vater *(G. obiectivus)*

124

1. Markus hat zwei Freundinnen. **2.** Die Soldaten hatten Hoffnung auf den Sieg. **3.** Die Römer hatten viele Provinzen **4.** (Ich habe den Namen Markus =) Ich heiße Markus.

125

1. *Mihi frater est.* **2.** Vier Affen sind eine Schar. / Ein Affe hat vier Hände.

Seite 116:

Genetiv: Das Haus des Großvaters ist schön; der Mann ist von höchster Tapferkeit (= sehr tapfer); wer von uns; meine Liebe zur Heimat ist groß

Dativ: Der Vater erzählt mir eine Geschichte; ich habe viele Freunde; nicht für die Schule, sondern fürs Leben lernen wir; das hat mir Freude bereitet

Akkusativ: Ich liebe die lateinische Sprache; bald werde ich nach Italien reisen; ich habe zwei Stunden geschlafen

Ablativ: Wir sehen mit den Augen; zu Mittag pflege ich zu schlafen; wir waren in der Stadt; ich habe dich von der Gefahr befreit; ich bin von dir (durch deine Hilfe) gerettet worden; nach der Sitte der Römer; Markus ist größer als Julius; er ist ein Mann von höchster Tapferkeit (= sehr tapfer)

126

2. Groß war die Freude der Buben. *(Gen. possessivus)* **3.** Groß war die Freude über den Sieg. *(Gen. obiectivus)* **4.** Wem von euch (Teilungsgenetiv) ist Asterix unbekannt? **5.** Täglich muss ich zwei Stunden (Akk. der Zeitstrecke) lernen. **6.** Die meisten Römer hatten viele Kinder, aber wenige Bücher. (Dat. des Besitzers) **7.** Kein römischer Dichter war berühmter als Vergil. (Vergleichsabl.) **8.** Sogar die Römer waren von Furcht vor den Germanen *(Gen. obiectivus)* erfüllt. **9.** Ich werde dir immer für diese Wohltat (*Gen. obiectivus*) danken. **10.** Von allen Galliern (Teilungsgen.) waren die Belger die tapfersten. **11.** Cäsar soll vor dem Tod ausgerufen haben: „Auch du, Brutus (Vokativ)?" **12.** Die Eltern kehrten schneller als (die Erwartung) erwartet nach Hause zurück. (Abl. des Vergleichs) **13.** Im Zeitalter (Abl. der Zeit) Mark Aurels erstreckte sich das römische Reich bis zur Donau.

127

1. In unserem Garten (Ortsabl.) sind viele Bäume. **2.** Rom soll im Jahre 753 (Zeitabl.) vor Christi Geburt gegründet worden sein. **3.** Der Gott Mars war bei den Römer von höchster Ehre. (Eigenschaftsabl.) / ... wurde sehr verehrt. **4.** Wer hat Angst vor dem bösen Wolf? (Dat. des Besitzers) **5.** Julia ist ein Mädchen von höchster Schönheit. (Eigenschaftsabl.) / ... ein sehr schönes Mädchen. **6.** Diese Aufgabe wird dir von großem Nutzen sein. (Zweckdativ) / ... dir sehr nützen. **7.** Ein Traum erfüllte mich mit großer Furcht vor einem Unglück. *(Gen. obiectivus)* **8.** Die Römer pflegten ihre Kinder nach der Sitte (Abl. der Art und Weise) der Vorfahren zu erziehen. **9.** Die Mutter (Dat. des Besitzers) hatte große Sorge um den kranken Sohn. *(Gen. obiectivus)* **10.** Cicero war ein Mann von höchster Beredsamkeit. (Eigenschaftsabl.) / ... ein sehr beredter Mann. **11.** Gestern hat Markus mit höchstem Eifer (Abl. der Art und Weise) Vokabeln gelernt. **12.** Auf diesem Hügel (Ortsabl.) lag einst ein römisches Lager. **13.** Cäsar kam in kurzer Zeit (Zeitabl.) von Rom nach Gallien.

128

1. Ein gewisses, von unbesiegbaren Galliern (Abl. des Grundes) bewohntes Dorf hört nicht auf, den Römern Widerstand zu leisten. **2.** Diesem schlauen Mann (eigtl.: Mann von schlauem Geist, Abl. der Eigenschaft) werden alle gefährlichen Aufträge anvertraut. **3.** Panoramix (= Miraculix) hat das Rezept für den Zaubertrank (Dat. des Besitzers). **4.** Cantorix (= Troubadix) hält sich selbst (Objektsakk.) für genial, aber die übrigen pflegen Folgendes zu sagen: „Auf keine Weise (= keinesfalls) wirst du singen, Cantorix, auf keine Weise (= keinesfalls)" (Abl. der Art und Weise). **5.** „Auf keine Weise (= auf keinen Fall, Abl. der Art und Weise), Obelix, wirst du den Zaubertrank bekommen!" **6.** „Trinkt immer echten Originalwein, und ihr werdet frei von Sorgen sein!"

129

Die Insel Sizilien war in alten Zeiten (*antiquis temporibus*) der Ceres und der Proserpina heilig, weil man sagt, dass jene zwei Göttinnen dort geboren wurden. Wie die Einwohner zu erzählen pflegen, erschien einst Pluto, während die Tochter der Ceres in der Nähe der Stadt Henna Blumen sammelte, und wurde sofort von Liebe (*amore*) zur sehr schönen Jungfrau erfasst. Ohne Zögern führte er Proserpina, die vergeblich den Namen der Mutter (*matris*) rief, mit sich unter die Erde (*sub terram*). Wenig später eilte Ceres, die über den Raub (*de raptu*) benachrichtigt worden war, nach Sizilien und suchte dort die Tochter. Schließlich kam sie zur Quelle (*ad fontem*) der Cyane, die Pluto zu Wasser verwandelt hatte. Obwohl Cyane nicht sprechen konnte, half sie der Göttin (*deam*; adiuvare + Akk.!) dennoch: Sie zeigte nämlich auf ihren Wellen (*in undis*) den Gürtel, den Proserpina, während sie geraubt wurde, verloren hatte. So fand die Mutter die erste Spur der Tochter.

STÄDTENAMEN

Seite 120:

Bei den Pluralwörtern steht die Endung *-is* sowohl auf die Frage „wo?" als auch auf die Frage „woher?" (z.B. *Athenis* = 1. aus Athen, 2. in Athen)

130

eindeutig Genetiv: *Carthaginis, Neapolis, Syracusarum, Germaniae* (Land!)
Genetiv und Lokativ: *Londinii, Lutetiae*

131

1. *in Austria* **2.** *in Germaniam* **3.** *Londinium* **4.** *e Graecia* **5.** *Athenis* **6.** *Athenis* **7.** *Lutetiae* **8.** *Vindobonam/Viennam* **9.** *domum* **10.** *ruri* **11.** *Syracusas* **12.** *Carthagine* **13.** *domi*

132

1. Als wir in Rom (*Romae*) waren, haben wir auch das Kolosseum besichtigt. **2.** Als Hannibal von Spanien (*ex Hispania*) nach Italien zog, führte er auch Elefanten mit sich. **3.** Äneas, der Troja verlassen hatte, kam nach vielen Irrfahrten nach Karthago (*Carthaginem*), wo er von der Königin Dido gut aufgenommen wurde.

Seite 121:

Zwei Freunde treffen sich. Der eine (sagt): „Warst du schon in Rom?" Der andere (antwortrt): „Noch nie!" – „Also kennst du meinen Bruder!" – „Warum?" – „Auch jener war noch nie in Rom!"

Eine Reise durch Österreich (Seite 122)

Julia, ein österreichisches Mädchen, erzählt über die letzten Ferien: „In diesem Sommer habe ich mit meiner Familie eine große Reise gemacht. Zuerst sind wir mit dem Auto von Baden, wo wir wohnen, nach Wien gefahren, wo wir die Großeltern getroffen haben. Von dort hat uns ein Taxifahrer zum Flughafen, der nahe beim antiken Lager Carnuntum liegt, geführt. Mit dem Flugzeug sind wir von Wien nach Bregenz geflogen. In dieser Stadt hatten wir vor, fünf Tage zu bleiben, aber weil Vater kein Hotel vorbestellt hatte und wir nicht unter der Brücke schlafen wollten, fuhren wir mit einem Mietauto in einen kleinen Ort Rätiens (= Vorarlbergs), wo ich mit den Eltern und Großeltern in einem winzigen Zimmer schlafen musste. Weil es täglich geregnet hat, konnten wir nicht spazieren gehen, sondern spielten den ganzen Tag Karten. Vor allem das Spiel, das „Schwarzer Peter" heißt, hat mir besonders gefallen. Nach einigen Tagen beschlossen wir, das Auto zurückzugeben und mit dem Zug von Bregenz nach Salzburg zu reisen. Dort hat es zwar ebenfalls geregnet und es gab kein freies Hotel, aber zum Glück haben wir einige Bekannte besucht, bei denen wir schlafen konnten. Dann reisten wir mit dem Autobus nach Passau, wo wir ein Schiff bestiegen, mit dem wir von Passau nach Linz, von Linz nach Wien gefahren sind. Übrigens hat es während der Schifffahrt ständig geregnet. Nun, nachdem ich nach Baden zurückgekehrt bin, scheint die Sonne am Himmel, und morgen werde ich zum ersten Mal nach den Ferien in die Schule gehen ..."

PARTICIPIUM CONIUNCTUM

133

1. Äneas segelte von Troja nach Italien *und* verlor viele Gefährten. **2.** *Als (während)* Äneas von Troja nach Italien segelte, verlor er viele Gefährten. **3.** *Weil* Äneas...segelte, verlor er viele Gefährten. **4.** (*Obwohl* Äneas ... segelte, ...) **5.** (*Wenn* Äneas ... segelte, ...) **6.** (*Indem* Äneas ... segelte, ...)

Seite 125:

konzessiv: „obwohl"

134

1. Wenn der Hauptsatz auch in einer vergangenen Zeit steht. **2.** „während" nicht bei Partizip Perfekt, „nachdem" nicht bei Partizip Präsens. **3.** einzusetzen in die rechte Spalte („Zeit im deutschen Gliedsatz") von oben nach unten: „Präsens"; „Perfekt"; „Imperfekt/Perfekt"; „Plusquamperfekt".

135

(Die lateinischen Wörter, die die Sperrung bilden, stehen jeweils in Klammer.) Einfügen: Neben der angegebenen Übersetzung können auch andere Varianten richtig sein.

1. Die Griechen töteten in der Nacht die Trojaner, während sie gut schliefen. (*Troianos ... dormientes*) **2.** Weil Orpheus mit süßer Stimme sang, soll er nicht nur die Menschen, sondern auch die Tiere gerührt haben. (*Orpheus ... canens*) **3.** Nachdem das römische Reich durch die Tapferkeit der Soldaten vergrößert worden war, reichte es bis nach Britannien. (*imperium Romanum ... auctum*) **4.** Cäsar wurde nach Gallien geschickt und besiegte sowohl die Helvetier als auch Ariovist. (*Caesar ... missus*) **5.** Allen, die um Hilfe bitten, müssen wir helfen. (*omnes ... petentes*) **6.** (Nur) sehr wenige Männer konnten aus der Stadt, die von den Feinden besetzt worden war, fliehen. (*ex urbe . . . oppugnata*) **7.** Äneas und seine Gefährten verließen Troja, nachdem es von den Griechen zerstört worden war, und segelten nach Italien. (*Troiam . . . deletam*) **8.** Als der Lehrer schnell eintritt, ruft er: „Hallo (eigtl.: „Seid gegrüßt), Schüler, setzt euch!" (*magister . . . intrans*) **9.** Rom ist durch die Tapferkeit eines tapfer kämpfenden Soldaten vor den Galliern gerettet worden. (*unius militis . . . pugnantis*) **10.** Obwohl die Gallier oft im Kampf besiegt worden waren, fürchteten sie die Römer dennoch nicht. (*Galli . . . victi*) **11.** Achill tötete Hektor, der die Stadt mit höchster Kraft verteidigte. (*Hectorem . . . defendentem*) **12.** Nachdem Troja schon viele Jahre vergeblich von den Griechen belagert worden war, wurde es schließlich durch die List eines einzigen Mannes erobert und zerstört. (*Troia . . . oppugnata*) **13.** Viele Menschen werden, wenn sie das Forum Romanum besuchen, von großer Bewunderung für die Römer erfüllt. (*homines . . . visitantes*) **14.** Wir werden euch immer helfen, wenn ihr (darum) bittet. (*vobis petentibus*) **15.** Wenn du zu spät kommst, wirst du nur Knochen erhalten (Subjekt in *accipies . . . veniens*) **16.** Auf der Suche nach seinen Eltern irrte Markus durch die ganze Stadt. (*quaerens . . . Marcus*). Obwohl er mit lauter Stimme (nach ihnen) rief, fand er sie dennoch nicht. (Subjekt in *invenit . . . clamans*) **17.** Indem der Zahnarzt einen schlechten Zahn herausgerissen hat, hat er mich von großem Schmerz befreit. (*dentista . . . evellens*)

136

1. Die Gänse, die laut schnatterten (eigtl. riefen, *magna voce clamantes*), retteten die Römer vor den Galliern. **2.** Ikarus betrachtete den Vater beim Anfertigen der Flügel (eigtl.: während er Flügel machte, *alas facientem*) mit großer Bewunderung. **3.** Dido, die von Äneas heimlich verlassen worden war (*ab Aenea clam relicta*), hat ihn und seine Gefährten verwünscht. **4.** Weil Thisbe von Liebe zu Pyramus erfüllt war (*amore Pyrami commota*), täuschte sie die Wächter und verließ in der Nacht heimlich das Haus. **5.** Groß waren die Schwierigkeiten Hannibals, als (während) er die Alpen überquerte / bei der Überquerung der Alpen (*Alpes transcendentis*). **6.** Obwohl die Stadt von den Galliern lange belagert worden war (*diu a Gallis oppugnata*), wurde sie dennoch nicht erobert.

Seite 128:

Ein (gewisser) Mann antwortete seinem Friseur auf die Frage (als dieser ihn fragte) „Wie soll ich dich scheren?": „Schweigend!"

Seite 128 unten:

Von Zwillingen war der eine gestorben. Ein (gewisser) dummer Mann erblickte den anderen und fragte ihn: „Bist du selbst gestorben oder dein Bruder?"

TEST, Seite 129:

. . . das mit einem Nomen eine Sperrung bildet; . . . deutschen Konjunktionen (= Bindewörter) lauten: **1.** der/die/das; **2.** als, nachdem, während; **3.** weil; **4.** obwohl; **5.** wenn; **6.** indem.

Partizip Präsens: gleichzeitig und aktiv, Partizip Perfekt: vorzeitig und passiv. Erstübersetzung für Partizip Perfekt: „nachdem". *tamen* im Hauptsatz: „obwohl".

NCI

137

1. Markus scheint krank zu sein. **2.** Markus und Julia scheinen krank zu sein. **3.** Uns wird verboten, zu spät in die Schule zu kommen. **4.** Mir wird von der Mutter befohlen, zu Hause zu bleiben. **5.** Man glaubt, dass du ein guter Schüler bist. **6.** Gestern scheinst du nicht zu Hause gewesen zu sein.

138

1. Hannibal soll der schlimmste Feind der Römer gewesen sein (Man sagt, dass H. der . . . gewesen ist; H. war bekanntlich der schlimmste Feind der Römer). **2.** Romulus soll den Bruder getötet haben (Man sagt, dass R. den Bruder getötet hat; R. hat bekanntlich den Bruder getötet). **3.** Hannibal soll freiwillig aus dem Leben geschieden sein. (Man berichtet, dass H. . . . geschieden ist.) **4.** In alten Zeiten soll vielen Menschen, die in Delphi den Tempel des Apoll aufsuchten, durch den Rat des Orakels geholfen worden sein. (Man sagt, dass vielen Menschen . . . geholfen wurde.) **5.** Cäsar soll vor dem Tod ausgerufen haben (Man sagt, dass C. . . . ausgerufen hat): „Auch du, Brutus?" **6.** Man glaubt, dass Kaiser Nero Rom angezündet hat. (Vermutlich hat Kaiser Nero Rom angezündet). **7.** Es wird überliefert, dass die vestalischen Jungfrauen bei den Römern höchste Ehren gehabt haben (eigtl.: . . . von höchster Ehre gewesen sind).

139

1. Remus soll vom Bruder getötet worden sein. (*necatus esse*) **2.** Romulus soll nach dem Tod unter die Götter aufgenommen worden sein. (*acceptus esse*) **3.** Hannibal soll mit einem Heer die Alpen überschritten haben. (*transcendisse*) **4.** Ihr scheint schon sehr viele Länder besucht zu haben. (*visitavisse*) **5.** Die lateinische Sprache scheint auch heute von vielen geliebt zu werden. (*amari*)

GRAMMATIK GANZ OHNE DRAMATIK (Seite 132)

1. INDIKATI**V** **2.** D**E**KLINATION **3.** PRÄPO**S**ITION **4.** KONJUNK**T**ION **5.** REFLEX**I**V **6.** PAS**S**IV **7.** OBJEK**T** **8.** APPOSIT**I**ON **9.** P**R**ÄDIKAT **10.** K**O**MPARATIV **11.** VOKA**L** **12.** NOM**E**N **13.** KO**N**-JUGATION **14.** **S**UBJEKT **15.** ATTR**I**BUT **16.** **S**UPERLATIV
LÖSUNG: dt. Dirndl. = lat. **VESTIS TIROLENSIS**

WIE ÜBERSETZE ICH RICHTIG?

Seite 137:

Äneas verließ die Stadt Troja, nachdem sie von den Griechen, die lange die Hilfe der Götter entbehrt hatten, schließlich im 10. Jahr erobert worden war, mit wenigen Gefährten.

140

Einrückmethode:

HS	GS 1	GS 2
Romulus et Remus,		
	quamquam iussu avunculi crudelis expositi erant,	
tamen non interierunt,		
	quod a lupa,	
		quae eos alebat,
	inventi sunt.	

Kästchenmethode:

HS	Romulus et Remus,		tamen non interierunt,			
GS 1		quamquam . . . expositi erant,		quod a lupa,		inventi sunt.
GS 2					quae eos alebat,	

Unterstreichungsmethode:

Romulus et Remus, quamquam iussu avunculi crudelis expositi erant, tamen non interierunt, quod a lupa, quae eos alebat, inventi sunt.

Abtrennungsmethode:

Romulus et Remus, I quamquam I iussu avunculi crudelis I expositi erant, I tamen non interierunt, I quod a lupa, I quae eos alebat, I inventi sunt.

ÜBUNGSTEXTE

TEXT 1: Der Unglücksbote (Seite 142)

Ein Herr kommt fröhlich vom Forum nach Hause, nachdem er einen großen Gewinn gemacht hat. (Da) kommt ihm ein Sklave entgegen. Der **H**(err) sagt, während er seinen Sklaven sieht: „Überbringst du mir etwa, wie es deine Gewohnheit ist, schlechte Nachrichten?" Der **S**(klave): „Ich überbringe keine schlechten Nachrichten, aber unser kleiner Hund Bispella ist gestorben." – **H**: „Wie ist er gestorben?" – **S**: „Irgendjemand hat unsere zwei Maultiere erschreckt. Daher haben die Maultiere die Halfter zerrissen und, während sie geflohen sind, mit ihren Hufen den Hund getötet." – **H**: „Wo sind die Maultiere jetzt?" – **S**: „Sie sind in eine Grube gefallen und gestorben." – **H**: „Wer hat die Maultiere erschreckt?" – **S**: „Dein Sohn ist vom Balkon gefallen und gestorben; so hat er die Maultiere erschreckt." – **H**: „Was hat seine Mutter, meine Gattin, gemacht?" – **S**: „Vor allzu großem Schmerz um den Sohn ist sie gestorben." – **H**: „Wer bewacht nun das Haus?" – **S**: „Niemand, weil ein Brand das Haus zerstört hat." – **H**: „Warum hat ein Brand das Haus zerstört?" – **S**: „In der Nacht, nachdem deine Frau gestorben ist, hat eine Magd im Schlafzimmer für die Herrin gewacht. Sie hat nicht auf die Kerzen aufgepasst, und so hat ein Brand das ganze Haus zerstört." – **H**: „Die Magd – wo ist sie?" – **S**: „Während sie den Brand zu löschen versuchte, fielen Balken auf ihren Kopf, und so schied sie aus dem Leben." **H:** „Weißt du etwa noch andere so gut Nachrichten?" – **S**: „Tatsächlich kann ich dir eine gute Nachricht berichten: Mich selbst habe ich gerettet!"

venit (Perfekt) – *venit* (Präsens); *fecit – facit; terruit – terret; ruperunt – rumpunt; necaverunt – necant; ceciderunt – cadunt; terruit – terret; cecidit – cadit; delevit – delet; vigilavit – vigilat; curavit – curat; cessit – cedit; servavi – servo.*

TEXT 2: Die Gründung Karthagos (Seite 143)

Als Äneas, den die Griechen aus der Heimat vertrieben hatten, nach Libyen kam, nahm ihn die Königin Dido freundlich auf. Denn auch diese Frau war einst als Ankömmling nach Afrika gelangt. Während sie gemeinsam speisten, erzählte Dido Äneas folgendes: „Mein Vater war der König von Tyrus. Von ihm bin ich gemeinsam mit meinem Bruder Pygmalion zur Erbin gemacht worden. Nachdem der Vater gestorben war, tötete der herrschsüchtige Pygmalion meinen Gatten, der großen Reichtum besaß, auf grausame Weise und versuchte auch mich zu töten. Sobald ich aber das Verbrechen des Bruders erkannt hatte, floh ich heimlich aus der Heimat und steuerte (eigentlich: strebte) ins Exil. Schließlich kam ich nach Libyen, wo ich mit den Bewohnern Freundschaft schloss. Eines Tages bat ich sie: ‚Da ich meine Heimat verlassen musste, suche ich nun eine Gegend, wo es mir erlaubt ist, mich mit meinen Gefährten niederzulassen. Gebt mir so viel Land, wie mit einer Rinderhaut bedeckt werden kann!' Sobald sie zugestimmt hatten, schnitt ich die Haut in dünne Streifen und besetzte eine viel größere Fläche, als ich erbeten hatte. An dieser Stelle habe ich später Karthago gegründet, das nun, wie du siehst, eine sehr große und schöne Stadt ist." Durch diese Erzählung wurde Äneas von Liebe zu Dido erfasst, weil er die Ähnlichkeit seines Schicksals mit dem der Königin erkannte: Er selbst hatte auch die Heimat verlassen müssen, auch er selbst hatte schon lange vor, in einem fremden Land neue Wohnsitze zu gründen. Aus diesem Grund blieb Äneas, der (eigtl.: dessen Sinn) vor weiteren Irrfahrten zurückschreckte, gerne bei der Königin. Aber die Götter waren ihrer Liebe nicht hold: Jupiter zwang den Trojaner abzusegeln und nach Italien zu reisen.

pervenit (Perfekt) – *pervenit* (Präsens); *accepit – accipit; fuit – est; facta sum – fio; necavit – necat; studuit – studet; intellexi – intellego; petivi – peto; veni – venio; feci – facio; petivi – peto; debui – debeo; consenserunt – consentiunt; secui – seco; occupavi – occupo; condidi – condo; captus est – capitur; intellexit – intellegit; abhorruit – abhorret; mansit – manet; coegit – cogit.*

TEXT 3: Die Gründung Roms (Seite 144)

Wer kennt nicht die Sage, die über Romulus und Remus überliefert wurde? Amulius, ein grausamer Mensch, soll den Bruder Proka, der damals König von Alba Longa war, aus dem Reich vertrieben und seine Tochter, die Rea Silvia hieß, zur Vestalin gemacht haben. Weil es den Vestalinnen nicht erlaubt war zu heiraten, schien Amulius seine Herrschaft gut abgesichert zu haben. Dennoch gebar Rea Silvia Kinder:

Eines Nachts drang der Kriegsgott Mars in den Tempel ein und zeugte mit der Vestalin Zwillinge. Während dies geschah, soll die Statue der Vesta, von Scham erfüllt, mit den Händen ihre Augen bedeckt haben. Sobald Amulius von der Nachkommenschaft der Rea Silvia erfahren hatte, ließ er, von Furcht geleitet, die Säuglinge Romulus und Remus beim Tiber in einem Körbchen aussetzen. Weil aber der Flussgott Tiberinus die Wassermassen zurückdrängte, wurde das Körbchen, in dem die Zwillinge waren, zum Ufer getrieben, wo die Zwillinge von einer Wölfin gefunden wurden, die ihnen die Zitzen reichte. Später wurden die Knaben von einem Hirten, der Faustulus hieß, und seiner Gattin aufgezogen. Sobald sie herangewachsen waren und die Untat des Amulius erkannt hatten, töteten sie ihn und setzten Numitor wieder in die Herrschaft ein.

deturbare – deturbari – deturbavisse – deturbatum esse – deturbaturum esse; facio – fieri – fecisse – factum esse – facturum esse; nubere – nupsisse – nuptura esse; firmare – firmari – firmavisse – firmatum esse – firmaturum esse; tegere – tegi – texisse – tectum esse – tecturum esse; exponere – exponi – exposuisse – expositum esse – expositurum esse; condere – condi – condidisse – conditum esse – conditurum esse; exclamare – exclamari – exclamatum esse – exclamaturum esse; esse – fuisse – futurum esse.

PROBEKLASSEN(SCHUL)ARBEITEN

1. Pannonien (Seite 146)

Der Lateinlehrer erzählt einiges über Pannonien, eine an der Donau gelegene Provinz: „Im Zeitalter Trajans waren die freien Germanen dem römischen Reich feindlich gesinnt und kriegsbegierig (= begierig nach Krieg). Denn die Fürsten der Germanen beneideten das römische Volk, weil die Römer Gold und Silber hatten. Daher versuchten sie oft, die Römer durch Waffen und List zu besiegen. Aber die Römer errichteten Lager an der Donau und führten viele Truppen aus Italien in die Gebiete der Pannonier. So hielten sie die Barbaren lange von der Provinz fern."

2. Gallien (Seite 146)

„Vor vielen Jahren waren die Bewohner Galliens, meiner Heimat, frei. Damals wohnten sie in kleinen Dörfern und betrieben Ackerbau. Weil die Gallier keine Tempel hatten, opferten sie den Göttern und Göttinnen in den Wäldern. Die kriegsbegierigen Männer versuchten die Feinde auf viele Arten von ihren Grenzen abzuhalten. Julius Cäsar führte Truppen nach Gallien und besetzte das Land, weil er die Fürsten an Kriegserfahrung übertraf. Nun gehorchen die Gallier den Statthaltern, aber zum Glück pflegen die Römer die Sorge um die Provinzen ehrenhaften Männern anzuvertrauen. Aber (einige) wenige Gallier sind auch jetzt den Römern nicht treu (ergeben), weil sie einen Zaubertrank haben."

3. Die Germanen (Seite 147)

Ein (gewisser) Statthalter schickt seiner Familie aus der Provinz Pannonien einen Brief: „Jenes Land, wo ich nun Statthalter bin, schätze ich wenig, weil mir das Klima nicht gefällt. Wenn es aber keinen Nebel gibt, gehe ich weder in den Wäldern an der Donau spazieren noch kann ich mich der Ruhe widmen, sondern ich habe viele (und) gefährliche Aufgaben: Ich bemühe mich nämlich immer, die kriegsbegierigen Germanen von den römischen Lagern, die an der Grenze errichtet wurden, fern zu halten. Denn die Bewohner des freien Germanien versuchten schon immer, unsere Truppen entweder durch Waffen oder List zu besiegen. Aber weil die Götter unserem Volk zu helfen pflegen, sind in unserem Jahrhundert die Barbaren weniger gefährlich. Lebt wohl!"

4. Rufus und der Sklave (Seite 147)

Während Rufus auf dem Forum spazieren geht, wo er bald verschiedene öffentliche Tätigkeiten durchführt (tut), bald mit Freunden diskutiert, sieht er in der Menge einen von seinen Sklaven. Diesen fragt er:

„Wohin gehst du, Sklave? Hast du etwa Freizeit? Eile sofort nach Hause, wo dich einige Aufgaben erwarten. Kümmere dich zuerst im Garten um das Obst, dann hilf der Herrin, schließlich lehre die Kinder die griechische Sprache!" Aber der Sklave lacht: „Warum befiehlst du mir solche Dinge (eigtl.: solches)? Ich bin nicht mehr dein Sklave: Soeben hat mich deine Gattin, meine Herrin, freigelassen. Nun bin ich ein Freigelassener. Willst du nicht das, was du mir befohlen hast, selbst in meinem neuen Landhaus tun?"

5. Äsop und der Sklave (Seite 148)

Äsop, dessen Fabeln bekannt sind, sah einst einen (gewissen) Sklaven laufen und fragte jenen: „Wohin läufst du?" Dieser antwortete: „Gerne werde ich dir das erzählen, Vater – denn mit diesem Namen muss ich dich ansprechen, weil du schon so vielen Menschen gute Ratschläge gegeben hast. Höre: Früher hatte ich einige Herren, denen ich immer gehorcht habe. Dennoch habe ich ein schlechtes Leben geführt. Wie sehr habe ich die Freigelassenen beneidet! Schließlich habe ich beschlossen, von zu Hause wegzugehen und zu laufen, wohin mich die Füße tragen." Da antwortete Äsop: „Obwohl du bis jetzt nichts Schlechtes getan hast, hast du, wie du erzählst, immer ein schlechtes Leben geführt. Überlege daher: Was wird sein, wenn du nun etwas Schlimmes machst? Zweifellos wirst du ein viel schlechteres Leben führen!" Durch diesen Rat wurde der Sklave von der Flucht abgehalten.

6. Über Äneas (Seite 148)

Nachdem die Trojaner die Truppen der Griechen lange Zeit von der Stadt abgewehrt hatten, besetzten jene im 10. Jahr durch eine List die Stadt und töteten viele Bewohner. Aber einer von den Trojanern, der Äneas hieß, steuerte (strebte) mit dem Vater, dem Sohn und einigen Gefährten nach Italien. Damals, als die Trojaner das unbekannte Land betraten, versuchten die ungebildeten Einwohner sie von ihren Gebieten fern zu halten. Weil die Bewohner Italiens in jenem Zeitalter große Kriegserfahrung hatten, besiegten die Trojaner sie nur mit der Hilfe und dem Willen der Götter. Dann heiratete Äneas, obwohl er an die erste, in Troja zurückgelassene Gattin dachte, dennoch Lavinia, die Tochter des Königs Latinus.

7. Der Brand Roms (Seite 149)

Markus, dem vom Lehrer schon viel über die Stadt Rom erzählt worden ist, bemüht sich, von den Eltern mehr über jenen Brand zu erfahren, der, wie das Gerücht ist, von Kaiser Nero befohlen worden ist. Dem wissbegierigen Knaben wird vom Vater gern geantwortet: „Im Zeitalter Neros wurde ein großer Teil der Stadt von Flammen zerstört. Nachdem das Feuer in den Verkaufsläden beim Zirkus entfacht worden war, durcheilte es die Gassen der Stadt mit unglaublicher Geschwindigkeit. Ein Teil der Menschen, die damals den Zirkusspielen beiwohnten, wurde von den Flammen getötet, andere verloren nicht das Leben, aber ihr Hab und Gut (ihre Güter). Daher hat Nero beschlossen, dem armen Volk, das keine Nahrung hatte (eigtl.: Nahrung entbehrte), Brot zu geben."

8. Der Titus-Bogen (Seite 149)

Weil Markus über den Triumph, den Titus über die Juden gefeiert hat, belehrt werden will (eigtl.: sich bemüht, belehrt zu werden), spaziert er mit seinem Vater über das Forum, wo der (Triumph-) Bogen, der nach dem Sieg des Titus errichtet worden ist, steht. Während Markus den Triumph, der auf dem Bogen gezeigt wird, sieht, sagt er zum Vater: „Wie du mir erzählt hast, hast du einst selbst diesem sehr berühmten Triumphzug beigewohnt!" Der Vater antwortet (ihm): „Richtig! Ich erinnere mich noch sehr gut an alles! Ich habe nämlich niemals einen schöneren Triumph gesehen. Damals waren nach dem Willen des Senats sogar die Tempel geöffnet!" Mit großer Begeisterung betrachtet Markus auf dem Denkmal nicht nur Titus, der Alexander dem Großen sehr ähnlich ist, sondern den ganzen Zug, der von den Beamten angeführt ist.

9. Dädalus und Ikarus (Seite 150)

Einst tötete Dädalus, der in Athen sehr viele Gebäude und Statuen von außerordentlicher Schönheit erbaut hatte, seinen Neffen, weil jener größeres Talent besaß. Wegen dieses Verbrechens angeklagt, beschloss er abzusegeln und mit dem Schiff nach Kreta zu fahren. Dort wurde ihm von König Minos befohlen, das Labyrinth zu erbauen. Einige Jahre später wollte Dädalus mit seinem Sohn in die Heimat zurückkehren, aber Minos verbot es. Daher dachte Dädalus bei sich: „Weil uns alle Wege versperrt sind, werden wir auf einem anderen Weg nach Hause reisen: Minos besitzt zwar das Land und das Meer, aber den Himmel besitzt er nicht!" Dann erbaute er mit wunderbarer Kunstfertigkeit ein neues Werk, das niemand zuvor gesehen hatte: Aus Federn, die er an der Küste gefunden hatte, fertigte er Flügel an, die er sich und dem Sohn anpasste.

10. Achill (Seite 150)

Patroklus wurde, während er den Griechen, die Troja mit größter Gewalt bestürmten, zu Hilfe kam, von der Hand Hektors getötet. Deshalb soll Achill, nachdem er vom Tod des Freundes erfahren hatte, sowohl von Zorn als auch von Schmerz erfüllt zum Kampf geeilt sein. Sofort griff er Hektor, der tapferer als die übrigen Trojaner kämpfte, an. Auf diese Weise wurde ein sehr grausamer Kampf begonnen, in dem Achill, der vom Feind Buße forderte, Hektor vor den Toren Trojas tötete. Achill selbst wurde aber, nachdem er den Leichnam Hektors seinem Vater zurückgegeben hatte, von Paris getötet.

11. Der Priester Laokoon (Seite 151)

Die Griechen, die Troja lange belagert hatten, aber nicht hatten erobern können, erfanden schließlich im 10. Jahr eine List. Sie stellten ein Holzpferd, das mit Soldaten gefüllt war, vor den Mauern auf. Dann suchten sie selbst mit den Schiffen eine benachbarte Insel auf, wo sie sich niederließen. In Troja aber erkannte der Priester Laokoon als einziger die List und ermahnte die Bürger: „Wenn ihr dieses Pferd in die Stadt zieht, wird Troja zerstört werden!" Dennoch wollten die Trojaner, die den Griechen so tapfer Widerstand geleistet hatten, seinen Worten nicht gehorchen. Daher sprang eine kleine Schar von Griechen nachts aus dem Pferd und überwältigte leicht die schlafenden Trojaner.

12. Lukretia (Seite 151)

Zur Zeit des Königs Tarquinius, der Superbus („der Hochmütige") genannt zu werden pflegte, hatte L. Collatinus, ein römischer Mann, eine sehr schöne Frau, die Lukretia hieß, geheiratet. Eines Nachts betrat Sextus Tarquinius, ein Sohn des Königs Tarquinius, von Begierde entflammt, das Schlafgemach der Lukretia und schändete die arme Frau, die vergeblich um die Hilfe der Götter bat. Nachdem Lukretia am folgenden Tag dem Gatten über dieses Verbrechen erzählt hatte, tötete sie sich, von Scham erfüllt, vor seinen Augen. Am nächsten Tag soll Collatinus, von Schmerz erfüllt, die tote Gattin auf das Forum getragen und den römischen Bürgern gezeigt haben. Diese vertrieben, da sie wegen dieses Verbrechens erzürnt waren, ein wenig später den König Tarquinius.

LATEIN – KEINE TOTE SPRACHE!

1. Frank Sinatra als Schülerschreck (Seite 152)

Aus einem Gymnasium der amerikanischen Stadt Chicago pflegen seit einigen Monaten Lieder des Sängers Frank Sinatra zu ertönen. Seine Schlager werden allerdings nicht zur Erquickung, sondern zur Bestrafung der Schüler eingesetzt: Jeder, der irgendein Vergehen begangen hat, wird gezwungen, einige Stunden lang Lieder wie „Strangers in the night" oder „I did it my way" zu hören. Die Lehrer freuen sich: „Die Schüler hassen diese Lieder, sie haben niemals Schlimmeres gehört!"

Frage 1: siehe Wörterverzeichnis unter *committo, ago, cogo, audio* **Frage 2:** siehe Wörterverzeichnis unter *mensis, carmen, mos* **Frage 3:** Frage „wie lange?" **Frage 4:** *malum – peius – pessimum.*

2. Der singende Abgeordnete (Seite 153)

Während im englischen Parlament über Fragen, die die Erziehung betreffen, diskutiert wurde, wollte der Abgeordnete Derek Enright seine Ansichten auf neue Art untermauern. Er begann das berühmte Beatles-Lied mit dem Titel „Yellow Submarine" laut zu singen – natürlich lateinisch. „Auf diese Weise können die Schüler zum Studium der lateinischen Sprache ermuntert werden", erklärte der Abgeordnete. Dennoch wurde er vom Parlamentspräsidenten mit einem Ordnungsruf belegt: Im englischen Parlament ist Singen nämlich verboten.

Frage 1: siehe Wörterverzeichnis unter *volo/velle, compono, possum, afficio* **Frage 2:** siehe Wörterverzeichnis unter *sententia, vox* **Frage 3:** *excitari* = passiver Infinitiv Präsens **Frage 4:** *carmina illa.*

3. Die Steinzeit lebt! (Seite 153)

Nun steht es fest: Familie Feuerstein kann man nicht nur im Fernsehen oder im Kino sehen! In Salzburg wohnt nämlich eine Frau, die nicht nur Wilma Feuerstein heißt, sondern auch rote Haare hat. Obwohl weder ihr Mann Alfred genannt wird noch unter ihren Bekannten ein Barnie Geröllheimer ist, hat die echte Wilma inzwischen die Nachteile eines so bekannten Namens erkannt: „Neulich, als ich mit der Sekretärin eines Psychiaters telephonierte und meinen Namen nannte, versuchte sie mich zu beruhigen: ‚Bleiben sie ruhig! Der Krankenwagen wird bald bei ihnen sein!'"

Frage 1: siehe Wörterverzeichnis unter *video, cognosco, maneo, sum* **Frage 2:** siehe Wörterverzeichnis unter *nomen, currus* **Frage 3:** *cui . . . nomen est* = Dativ des Besitzers **Frage 4:** *erit* (Futur) – *est* (Präsens) – *fuit* (Perfekt) – *fuerat* (PlqPf.) – *fuerit* (Futur 2)

4. Wer bewacht die Wachhunde? (Seite 154)

Wer, während er in den Ferien nicht zu Hause ist, seine Wohnung nicht unbewacht lassen möchte, muss keineswegs eine Alarmanlage kaufen. Das behauptet wenigstens ein Belgier, der Hunde vermietet, die leer stehende Häuser bewachen. Der Mann, der 150 Hunde hat, pflegt seine Kunden aber zu warnen: Die Hausherren müssen ihr Domizil tatsächlich verlassen. Die Hunde sind nämlich sehr bissig und dulden niemanden um sich herum." – Die Glaubwürdigkeit dieser Worte wurde vor kurzem freilich erschüttert: Während der Hundevermieter einige Tage verreist war, stahl ein Dieb aus seinem Haus heimlich 20 Wachhunde.

Frage 1: siehe Wörterverzeichnis unter *relinquo, volo/velle, aufero* **Frage 2:** siehe Wörterverzeichnis unter *canis, fides, dies* **Frage 3:** *mordacissimi* = Superlativ 1.F.Pl.m. **Frage 4:** *aufert* (Präsens) – *auferet* (Futur) – *abstulit* (Perfekt) – *abstulerat* (PlqPf.) – *abstulerit* (Futur 2)

5. Tiere an die Macht (Seite 154)

Nach dem Willen eines kalifornischen Millionärs soll sein Hund Ernestus bald Abgeordneter des amerikanischen Kongresses sein. Der Mann möchte mit jenem Kandidaten gegen die Korruption im Staat kämpfen: „Niemand kann die Ziele des amerikanischen Staates besser durchsetzen als ein Hund, der gewöhnlich das tut, was ihm richtig erscheint, und weder Parteien noch Abkunft noch Stammbäume berücksichtigt!". – Übrigens hatte ein Jahr zuvor in Kolumbien ein Hund das Amt des Präsidenten angestrebt, war aber abgelehnt worden, weil er noch nicht 35 Jahre alt war. Tatsächlich Teilhaber der Macht wurde einst ein Pferd: Der römische Kaiser Caligula machte sein Lieblingspferd namens Incitatus zum Konsul.

Frage 1: siehe Wörterverzeichnis unter *possum, peto, facio* **Frage 2:** siehe Wörterverzeichnis unter *voluntas, munus, res publica* **Frage 3:** *melius* = Komparativ zu *bonum* (1.F.Sg.n.) bzw. *bene* (Adverb) **Frage 4:** *potest* (Präsens) – *poterit* (Futur) – *potuit* (Perfekt) – *potuerat* (PlqPf.) – *potuerit* (Futur 2)

7. Auflage (2005)
ISBN 3-7058-5155-1